困ったココロ

さくら剛

Sakura Tsuyoshi

人の輪に
うまく
溶け込めず

異性にも
なかなか
相手にされず

イヤァァァ

弱りきった私の心は

人の心を
学ぶことに
したた

た
日

困コ

はじめに

人の心というのは、なぜこんなにもわからないものなのでしょうか。

特に、異性の心。

たとえ邪馬台国の成り立ちや暗黒物質の正体といった歴史的な謎が解き明かされることがあっても、女心や男心の仕組みがズギュンと解明されることは、人類が終焉《しゅうえん》を迎えるその時まで決して無いと言えるでしょう。


いきなり小規模な話になりますが、飲み会の席などで私が冗談を言うと、隣の女性が「もうなに言ってんの(笑)!」と私の肩や肘をポーンと叩いてくることがあります。

そんな時、私はその0・08秒のあいだに「ほほう、わざわざツッコミのフリをして俺を触ってくるということは、**この子は俺のことが好きだな?** 好きだから照れ隠しにツッコミのフリをして俺を触ってきたんだな? ふっ……かわいいやつめ」と彼女の気持ちを推定します。

私は好きな女性のタイプが「女性であれば誰でもいい」という確固たるポリシーを持つ男ですので、必ずその後タイミングを見計らってその女の子に「ねえ、俺とつき合わん?(上から目線)」と告白をするのですが、アラなぜでしょう青天の霹靂《へきれき》、なんとほぼ100%の確率で**「はぁ？　冗談やめてよ（嘲笑）！」**とその年下の女子に足蹴にされるのです。

……あんたっ、あんた俺のこと好きやったんやないんかいっ、**好きやから触って来たんやないんかいどういうことやねんワレっっ（涙）!!!**　と混乱しながら失恋の業火に焼かれて失神しているあいだに、どこからか体育会系もしくはクラブ遊びが似合う系の**メンタルの強そうな男**が登場し、あっという間にその女子をかっさらっていくのです。ばかやろーーーーーっ（号泣）。

なにを隠そう、私は心の弱い人間です。

作家ではありますが、真の姿は「テレビゲームとインターネットに人生をささげるひきこもり男」です。

友達は数人しかおらず、彼女はもちろんいませんが、ごくまれに主《しゅ》の導きにより奇跡的に彼女ができてもおおむね2カ月以内にフラれます。

なぜかって？　はっはっは。それは、**私には人とコミュニケーションを取る能力が欠けているからです。**大学で1人暮らしを始めてから10年以上、毎日部屋にひきこもりインターネットとテレビゲームばかりやっていたら、**人との話し方を忘れてしまったのです。もはや私は人と話すのが怖いのです（泣）。**

ある時、私はそんな自分を変えるために、バックパックを背負って単身、海外へ旅に出ました。

ネガティブな自分とさよならしたい。コミュニケーション能力を身につけたい。初対面の人とも物怖じせずにしゃべれる、心の強い人間になりたい。

そんな願いを抱き私は一大決心をしアフリカを縦断しアジアを横断し、ケニアでパキスタンで、現地の人々と交流しました。

しかし、ケニアでパキスタンで現地の人々と交流した私ですが、残念ながらそれによってコミュニケーション能力が鍛えられることはありませんでした。

なぜなら、ケニアやパキスタンでは言葉が通じない上に、**共通の話題が無いんです。**

たしかに狙い通り、行く先々で現地の人に話しかけられました。家にも招かれました。でも、**しゃべることが無いんです。ドラゴンクエストの話も『魔法少女まどか☆マギカ』の話も、ケニアやパキスタンでは全然通じないんです(涙)。**私が人と話せることなんてそれくらいしか無いのに(泣)。

……そして私は、ケニアやパキスタンの人々とコミュニケーションを取ることを、**あきらめました。**

結局それから私は1年を越える長い旅のあいだ中現地の人々との交流を避け続け、出国前と一切変わらない貧弱メンタルのまま帰国を果たしました。残念ながら私の場合、旅というのはまったく心を鍛える手段にはなり得なかったのです。いったいなんだったんだろうあの旅は。

しかし、海外を一人旅しても変わらなかったのなら、では私はいったいどうすれば自分を変えることができるのでしょうか？　どうすれば物怖じせずに人とコミュニケーションを取れるようになるのでしょうか？

そこで私が出合ったのが、心理学です。

私は自分の弱い心に向き合うために、他人の強い心を理解するために、ワラにもすがる思いで心理学の勉強を始めました。

私は、驚きました。

そこに答えがあったのです。

ひきこもりが自分の殻から抜け出し、他人と心を交流させ「世間」へ進出していくための武器は、旅ではなく、心理学だったのです。

今までまったくの謎でしかなかった他人の心が、心理学の数々の法則を学んでみるとあら不思議、あら見えてしまいました、あら見えてしまいました、もう、**そんなに見えすぎちゃって！　そんなあられもない姿を!!　そんなみだらな！　淫乱な!!**　と心配するくらい、人の心、そして自分の心というものが見えてきたのです。

これからこの本では、私の学んだ人の心理にまつわる数々の法則を、順番に紹介していきたいと思います。

そしてその中で、「世間」というものに参加したいけれど適わず戸惑っている私が、どうしたらその世間への参加切符を手に入れられるのかを、ひとつずつ探っていきたいと思います。

困ったココロ
CONTENTS

1章 反発するココロ

2章 認められたいココロ

3章 見た目に弱いココロ

4章 腰の重いココロ

5章 染まりやすいココロ

6章 断れないココロ

7章 すぐ熱くなるココロ

8章 ときめくココロ

1章
反発するココロ

1 白熊効果

まず最初に、私からこの本を読んでいるあなたへお願いがあります。

唐突ですが今日1日のあいだ、ドラえもんのことを考えるのはやめていただけますでしょうか？

特に、**東京オリンピックでシンクロナイズドスイミングに出場しているドラえもんの姿**はなおさら考えないでください。シンクロ日本代表チームの一員となり、ハイレグ水着を着て鼻栓をし化粧も決めてチームメンバーと一緒に華麗なポーズを決めているドラえもん、というようなシーンは**絶対に想像しないでください。**少なくとも今日1日のあいだ、そんなシーンを想像するのはやめていただけますでしょうか？

……………。

はい。いかがでしょうか。

あなたは今、ドラえもんのことを**考えてしまいましたね？**　私が「決して考えないでください」とお願いしたにもかかわらず、メイクをバッチリ決めてシンクロの演技をしているドラえもんの姿を、**想像してしまいましたね？**

まったく、私があんなに考えないでくださいとお願いしたのに、ひどいですねもう！　プリプリ！

ではもう一度だけお願いします。

次こそは絶対に考えないでくださいね。チラッとでもダメですよ？　いいですか？

今日1日、こんなシーンを想像するのはやめてください。ドラえもんと同じシンクロチームの一員として、**マツコ・デラックスさんとアーノルド・シュワルツェネッガーさん**がやはりハイレグ水着を着て、**お化粧をして髪を後ろにまとめてみんなでそろってポーズを決めているシーン**、そんな光景は絶対に想像しないでください！

………………。

ダメですよ！　絶対想像しちゃダメですよ、マツコさんとシュワちゃんのハイレグ姿!!

チラッとでもダメ!!

…………。

はい。さて、どうでしょうか。

えっ？　なんですって……？　マッコさんとシュワちゃんの水着シーン、**チラっと想像してしまったですって……？**

そんなまさかっ。あなたは……、あなたという人は、こんなにも私が「考えないでください」とお願いしたのに、化粧して水着でポーズを決めているマッコさんやシュワちゃんのことを、**想像してしまったんですね？**

なんということでしょう。一度ならず二度までも！　あなたは私のお願いをむげにしたんですねっ！　**なんていうひどい人ですかあなたはっ!!　ひどすぎる!!　ひどい！　もう私泣いちゃうっ（号泣）!!!**

…………。

でも、本当のことを言いますと、それは仕方のないことなのです。

実は、**人はなにかを禁止されると、余計にそのことが心に残るものなのです。**

逆に、もし私が「ドラえもんのことは考えないでください」と言わなければ、あなたは今日1日ドラえもんのことは考えなかったかもしれません。**少なくとも、化粧をしてシンクロナイズドスイミングをしているドラえもんやマツコさんのことは間違いなく考えなかったはずです。**むしろ今日1日というより、私が言及しなければ一生そんなシーンは頭に浮かばなかったことでしょう。

心理学には「白熊効果」という言葉があります。

ある時、3つのグループに分けた人々に、「白熊の映像」を見せる実験をしました。その時1つ目のグループには特に何も要求しませんが、2つ目のグループには「今日の白熊のことをよく覚えておくように！」と命じます。そして、3つ目のグループには逆に「今日見た白熊のことは**忘れるように！**」と指示をしました。

さて、1年後。この3つのグループの中で、白熊の映像のことを最もよく覚えていたのは……、それは3つ目の、**「白熊のことは忘れるように！」と命令されたグループ**だったというのです。

人の心というのは実にややこしくできているもので、「忘れよう」と意識すればするほど、そのことが記憶に重ねがさね上書きされてしまうのです。

覚えていなければならないことほど忘れてしまう。反対に、忘れようとすればするほど思い出す。あの人のことを、忘れようとすればするほど好きになる。そんな経験は誰もが持っていることでしょう。

私たちの心は、極めてあまのじゃくに見えるものです。

しかし、あまのじゃくに見えるようで、実はある決まった法則やパターンに基づいて動いているのが私たちの心であるともいえるのです。

それでは次の項からは順番に、人の心理にまつわるそのさまざまな法則を勉強しながら、私のようなひきこもりが充実人生に少しでも近づくにはどうすればいいか、その方法について考えてみたいと思います。

忘れようとするほど、ココロは記憶を残そうとする。

2　心理的リアクタンス

リアルな充実人生いわゆるリア充を夢見るひきこもりの私が、心理学を学ぶ上でまず最初に出合った法則が**「心理的リアクタンス」**です。

人は誰でも「命令されると反発したくなる」という性質を持っています。「やるな」と言われればやりたくなり、「やれ」と言われればやりたくなくなる。そんな我々の心の性質、**「命令や強制に対して反発したくなる気持ち」**を「心理的リアクタンス」と呼びます。

たとえば、ちびまる子ちゃんが珍しく自主的に宿題に取り組もうとしている時に、タイミング悪くお母さんに「まる子！　宿題はやったのかい!!」と詰問され、「あっもう、ちょうど今やろうとしてたところだったのに！　そんなこと言われたらもうやる気なくなった！お母さんのばかっ!!」とスネてしまうシーンをたまに見かけますが、これはまさしくまる子ちゃんに心理的リアクタンスが働いている例でしょう。

他にも私個人の経験では、小学生から高校時代まで、ずっと家ではテレビゲームを禁止されていました。やりたくて、やりたくて、でも届かなかったドラゴンクエスト。乗りたくて、乗りたくて、でも取り上げられたマリオカート。溝に落ちていたファミコン雑誌を大切に持って帰り、日干しをしてむさぼり読んだあの夏の日……。

そのように長年にわたって禁止されていたことによって、私の中では反発の心がどんどん巨大化し、その反動により大学生で1人暮らしを始めて以降の私は**ゲームは1日10時間、人としゃべるの週に3分**という見事なひきこもり人間になってしまったのです。

今思えば、まさに私のひきこもり・ダメ人間化の根本の原因が、この心理的リアクタンスにあったのです。**なにしてくれてるんじゃ心理的リアクタンスっ!! 全部おまえのせいじゃっ(涙)!!!**

……オホン、さて、この心理的リアクタンスを証明するために、3歳から5歳の子どもを対象にした、こんな実験が行われました。

たくさんの種類のおもちゃを子どもの前に並べ、保護者がその中のひとつだけを「このおもちゃでは絶対遊んじゃダメだよ」と禁止します。すると子どもは禁じられたおもちゃのことを気にしながらも、素直にその言葉に従って他のおもちゃで遊び始めました。

そのまましばらく時がたった後で、今度は「どれでも好きなもので遊んでいいよ」と許可を出すと、どの子どもも真っ先に禁止されていたおもちゃに手を伸ばし遊びだしたのです。

さらにその実験後何日かたってから、子どもたちに「一番欲しいおもちゃはなに？」と尋ねると、全員が禁止されたおもちゃを選んだということです。

このように、3歳という幼い時期から心理的リアクタンスは存在しているのです。浦島太郎が「決して開けてはいけません」と言われて手渡された玉手箱を開けてしまったのも、『鶴の恩返し』でおじいさんが「決してのぞいてはいけません」と言われたおつうの部屋をこっそりのぞいてしまったのも、心理的リアクタンスにより禁止に対する反発心、好奇心が大きくなってしまったからだと考えられます。

なお、バラエティ番組を見ていても、心理的リアクタンスを感じさせるシーンに出くわすことがたまにあります。熱湯風呂の縁に立っている上島さんが「押すなよ、押すなよ！　**絶対押すなよ‼**」と強く禁止することで、後ろに控えている肥後さんと寺門さんは反発心が芽生え、言葉に逆らい上島さんを**熱湯に向かって力いっぱい突き落としてしまうのです。**その後決まって暴れる上島さんに巻き込まれ肥後さんも寺門さんも風呂の中に落ち、3人もろとも熱湯を浴びて転げ回るという大惨事が繰り広げられることになります。

このような惨事を避けるためには、発想を逆転して**わざと反対の命令をする**というのが効果的だと思われます。

もし仮に上島さんが「押すなよ、絶対押すなよ！」ではなく、「押せよ、押せよ、**絶対押せよ‼**」と命令したらどうでしょう？　そうすることによって肥後さんと寺門さんには逆の心理的リアクタンスが働き、「押せ！」という命令に反発して「押したくない！」という気持ちになって押すのをやめる、かというと、うーむ………。

やっぱり押しそうですね。

そうですね。上島さんの場合は、**誰がなんと言おうとどのみち熱湯の中に落とされることは決まっていますよね。**だって、落ちなかったら**つまらないもん。**肥後さんや寺門さん含め、彼らは熱湯の中に落ちるのがお仕事なのですから。

まあこれは心理的リアクタンスが働かない、**「お約束」という特殊な例**です。

ちなみに、なぜ心理的リアクタンスが発生するかというと、人は誰もが無意識に「自由でいたい」という願望を持っているからだそうです。誰かに命令、強制されることによって、「自分自身の考えや行動を自分で決める自由」が脅かされ、人はそれに抵抗の気持ちを持つようになるのです。

さて、以上の点を踏まえると、ひきこもりから脱却し充実人生を目指す私が考えるべきことは、まずは「他人になにかを強制することをやめる」ということかもしれません。

いくら友達が欲しいからといって、誰かに「頼む、友達になってくれ！」と強制的な勢いで迫ってみても、それは逆に相手の反発心や抵抗感を呼び起こし、むしろ避けられる原因になってしまいかねないですよね。

大事なことは、まずは人に対してなにかを強要することはやめ、焦らずに気長に構えることではないでしょうか。なにしろ人間関係においては、強制や命令というのは基本的には相手の反発を生むだけの、あまり意味の無い行動なのですから。

ただ、世の中には**「ほら四つん這いになりな!!　早く!」「アタシの靴を舐めるんだよ!!」「誰が声出していいって言ったんだよ!　アタシの言うことが聞けないのかいっ!!」**というような上からの厳しい命令、強制をされたにもかかわらず反発するどころか逆に**全身をわななかせて喜んでしまう**ような男の人たちもたまにいますので、心理的リアクタンスにはいろいろと例外もあるということは覚えておいた方が良さそうです。

強制されると、ココロはむしろ反発したくなる。

3 ロミオとジュリエット効果

心理学を勉強していくと、ひとつの法則が仕事や友達づきあい、恋愛などさまざまな方面に応用できるということに気付きます。

先に学んだ心理的リアクタンスも恋愛のテクニックとして応用することができ、その恋愛の法則は**「ロミオとジュリエット効果」**と呼ばれています。

簡潔に説明しますと、「ロミオとジュリエット効果」というのはシェイクスピアの物語『ロミオとジュリエット』のように、**恋の炎というのは障害があるほど燃え上がる**という法則です。

実際に心理学者のドリスコールが、交際しているカップルや夫婦を対象にして、恋愛に対する感情の度合いの調査をしました。すると、**互いの親が交際に反対していればいるほど、恋愛感情は高まる**ということがわかったのです。

これは、親の反対に対する「なんでわかってくれないんだよ！」という憤りを恋愛感情のドキドキだと勘違いするためでもあり、また、反対されることで「自分のことは自分で決めたい」という欲求が刺激され、心理的リアクタンスが働くためでもあります。

つまり、恋愛についても「ダメ」「禁止」と言われれば言われるほど、人は反抗したくなるということですね。

そういえば芸能界にも「恋愛禁止」というルールを掲げたアイドルグループがいますが、あのルールは実は逆効果で、彼女たちは禁止されるということによって逆に恋愛への欲求が普通以上に高まってしまっていることが考えられます。だって実際、禁を破ってこっそりろくでもない彼氏を作り、イチャイチャしたプリクラや画像を流出させて降格させられたり博多へ飛ばされたりしたメンバーが何人も出ているではないですか！　うう……まだ今のところ私の推しメンの子はちゃんとルールを守っているけれど、もし将来まゆゆやゆきりんが金髪のホスト風遊び人に捕まってイチャイチャ画像が流出したらなんて思うと………あぁっ、ダメ。**想像しただけで吐きそう。**やめてっ！　**想像させないでっ(涙)!!**　そのへんきっちり管理してよね運営サイド！　ちゃんとあの子たちを監視して!!　**もっと行動を締め付けなさいよっ!!　徹底的にやんなさいっっ!!!**

えーさて、このロミオとジュリエット効果は、マンネリ感を持っているカップルのマンネリを打破するために効果的に利用することもできます。要するに、マンネリ交際中の男女のあいだになんらかの障害を作ってやれば、２人はロミオとジュリエット効果によりその障害に立ち向かおうとし、冷めていた愛情もみるみる復活するということです。

思えば、私にも身に覚えがあります。大きな障害のせいで恋の炎が燃え上がった経験が。もう何年も前の話ですが、私の恋愛史の中でも主《しゅ》のお導きにより奇跡的にわりかし長く交際させていただいていた彼女が、ある日突然「1年間海外に留学に行く」と言いだしたことがあります。

それまでたしかにマンネリ感の漂っていた私たちでしたが、いきなり2人の前に「海外留学」「大きな距離」という巨大な障壁が登場したことによって、私の恋心は突如ごうごうと燃え盛りました。

私は、その壁を乗り越えるために人として男として、すべてのエネルギーをささげました。パスポートを取って英語の勉強を始め、当地までの航空券の値段や取得方法も調べ、留学中の彼女に毎月会いに行く計画まで立てたのです。

当時日本国から1ミリも出たことが無かった純ひきこもりの私に、毎月海外へ通うという超一大決心をさせてしまったのですから、ロミオとジュリエット効果がどれほど愛の力を高めるかということがわかっていただけるのではないでしょうか。

なお、旅立つ直前の彼女に私がその一大決心を伝えたところ、「ありがとう！　そこまで私のことを想っていてくれたのね……(泣)」という涙涙の感謝の言葉ではなく、「ごめん、**別れてほしいんだけど**」という**大変予想外なお答え**を頂戴いたしました。

どうやらその時、大きな障壁を前にしてめらめらと燃え上がっていたのは、私の方だけだったようです。あはは。いやあまったく(笑)。**どういうことやねんおいコラッ!!!　ロミオとジュリエット効果はどこいったんだよっ!!　おいコラ!!　バカっっ(涙)!!!**

……その後私はただの燃えカスとなったまま、２年ほど立ち直れずに灰として人生を送りました。近所の神田川沿いを歩くたび、この川に沈んで楽になれたらなあと何度飛び込みたい衝動に駆られたことでしょう。

そう、忘れていたのですが、ロミオとジュリエット効果に十分に効力を発揮させるためには、ひとつ大事なポイントがありました。それは、**「障害はひとつだけの方がいい」**ということです。

もともと愛がある2人のあいだに、たったひとつだけ邪魔が入ることによって2人は協力してその邪魔を取り除こうと燃え上がるのです。たとえば私がイケメンで誠実でお金持ちで社会的立場も持っている人間で、だけど距離というたったひとつの障壁が現れたという場合だったら、彼女もその障壁を乗り越えようと一緒に燃え上がってくれたことでしょう。

ところが実際の私はイケメンにはほど遠く軟弱で貧乏で非正規社員で、その上でこれから距離までできてしまうという、ここまで**障害のデパート状態**では彼女も乗り越えるモチベーションなど出るわけがなかったのです。

そもそも、なぜ彼女は私なんかと付き合っていたのでしょうか。こんな欠点ばかりの貧相な男と付き合っていた彼女の見る目の無さを笑ってやりたいですね私は。わっはっは。愚か者めっ。

さてしかし、一般的には、恋愛を長続きさせるためには**わざと障害を作る**というのが有効な作戦になりそうですね。実際に障害になり得なくても、たとえば「親が僕たちの交際に反対している」「もしかしたら仕事で転勤になるかもしれない」などと、ウソでもいいから障害の可能性をほのめかしてみるのがマンネリ打破のためには良いかもしれません。

私も、今後もしまた彼女ができるようなミラクル光栄なことが起こったら、なるべく彼女の心理的リアクタンスをくすぐっていくことを心がけたいと思います。なにしろ相手に自分のことを「思い通りになる人間」だと思わせてはダメなのですから。メールの返事はすぐ返す、電話には必ず出る、会いたいと言われたらいつでも会う。そんななんの障害も無い付き合い方をしていたら、きっとすぐにマンネリが訪れてしまうはずなのです。

まあ、そうは言っても私の場合はまずマンネリがどうこういうよりも、そのミラクル光栄な「彼女を作る」ということをこの寿命が尽きるまでにいかに発生させるか、そこに全力を注ぐのが先ですけれどもね……(涙)。

障害があると、ココロはもっと引かれ合う。

4　ハード・トゥ・ゲット・テクニック

私の知り合いに、女子校で地理の先生を勤めている「こーすけくん」という、いいやつですが残念な20代の青年がいます。

彼とは東南アジアを旅している時に知り合ったのですが、こーすけくんがどのように残念かというと、彼には**およそ5分に1回はタマタマのポジションを直さないと気が済まない**という癖があるのです。

もちろんズボンの上からではありますが、これがなんと、男だけでなく**女性の前でも**平気でやるからすごく残念なのです。あまりにもタマタマを触る頻度が高いため彼は仲間内でひそかに「コースケ・キンタマリア」と呼ばれていますが、それはともかく同性からしたらいいやつでも、女性から見たら彼は確実に近づきたくない人間でしょう。

ところが、そんな残念な彼が、毎年バレンタインデーになると教え子からたくさんのチョコをもらってくるのです。

これが謎なのです。たしかに、彼は顔はともかく根は男前だし話をしていて楽しいやつです。それは認めます。でも、女性の前ではその長所をすべて台無しにしてしまうほどの残念な癖を持つ彼が、女子高生からモテるなどという一大珍事が起こっているのはなぜでしょう？　どうして彼はモテているのでしょうか？　タマタマでしょうか？　私には不思議でたまりません。

しかし、心理学を学んでいくうちに、私にはその謎がやっと解けたのです。

このような珍奇な現象が起こるのは、**人は限定されたもの、希少性のあるものに高い価値を見いだす**という性質があるからです。心理学ではそれを**「希少価値効果」**または**「ハード・トゥ・ゲット・テクニック」**と呼んでいます。

つまり、こーすけくんが女子校でモテているのは、**女子校に「若い男」という存在がごく少数しかおらず、その希少性によって彼の価値が本来以上に高まっているから**なのです(決して「タマタマをいじる癖」という希少性が評価されたからではありません)。

私たちは、大量にあっていつでも手に入るものにはたいしてありがたみを感じませんが、「10個限定！」や「本日限り！」、「先着50名様限定！」というように希少性をあおられた場合、急にその対象に高い価値を感じるようになります。ここにもやはり心理的リアクタンスが関連しており、「いつでも手に入れることができる」という自由を脅かされることによって、人は手に入りにくい、希少性のあるものの方に価値を感じるようになるのです。

この希少価値効果を証明するために、心理学者のステファン・ウォーチェルが、被験者にクッキーの味を評価してもらうという実験を行いました。

まず同じクッキーを、2枚入りの瓶と、10枚入りの瓶に分けます。それを複数の被験者に食べて評価してもらうのですが、その結果は、同じクッキーにもかかわらず、10枚入りの瓶のクッキーよりも2枚入りのクッキーの方がずっと味の評価が高くなったというのです。

つまり、たとえ同じものだとしても、数が少ない方が良いものであると我々は錯覚してしまうということですね。

たしかに同じ赤塚アニメの主人公でも、なんとなくおそ松くんよりもバカボンの方が価値があるような気がするのですが、それはやはりおそ松くんはトド松チョロ松十四松《じゅうしまつ》その他と同じのが6人もそろっているのに対し、バカボンは1人しかいないからでしょう。

他にも「限定」という点でいえば、インターネット上のＳＮＳサイトなどで「友人でないと見られない日記」、いわゆる**友人限定公開の日記**というものがあります。これもまた、限定されることによって「自由に日記を読みたい！」という反発心が生まれ、「日記を見るために自分も同じＳＮＳに参加したい」「この人と友達になりたい」という欲望を呼び起こし、そのＳＮＳの加入者を増やす要因となっています。

みなさんにも同じ経験があると思いますが、私も学生時代に好きだった女の子や、昔一瞬付き合っていた彼女の名前をSNSサイトでよく検索をすることがあります。

そこでうまくお目当ての子を発見できた時には思わずガッツポーズで「よっしゃあ!!」と雄たけびを上げますが、しかしその日記の公開範囲が「友人限定」になっていると、希少価値の効果により心理的リアクタンスが大きく刺激され、もうこちらはその日記を見たくて見たくてたまらなくなり、地団駄《じだんだ》を踏んで悔しがることになります。昔の彼女の日記を読んでみたい、でも今さら俺なんかが友達申請しても拒否されるだろうし……、と思いつつそれでもダメもとで友人の申請を出してみるのですが、案の定必ず無視されます。無視というか、**ブロックされます。**誰も、ひきこもりの私なんて友人にするどころか関わりたくもないんですよね。ははは っ。笑える。

そこで、私の考えついた素晴らしい作戦が、「ネットオカマ作戦」です。

私は、かわいいペットの写真を用意してそれを自分の画像に設定し、名前も女性の名前にして、**経歴は○○女子短期大学出身、趣味はネイルとお洒落カフェめぐり、好きなタレントは関ジャニ∞の渋谷くん**というようにプロフィールも念入りに作り上げて完全なる女子を装い、その上で昔の彼女に「趣味が似ているので友達になってくださ〜い♡」と友人の申請をしました。

するとどうでしょう、私が素で申請した時には完全無視しやがったくせに、新しいアカウントで女子になりすましてかわいく近づいてみたら、あっさり友人申請が許可されたのです!!

そして私は、見事に「自由に元彼女の日記を閲覧したい」という願望をかなえることができました。見るだけでなく時々女子としてその日記にコメントを書き込んだりもしていますが、相手は私だと気付かずに馴れ馴れしい女子向けの返信を返してきます。わっはっは。愚か者めっ。

と非常にしょーもない話ですが、私のような1人の真面目で誠実な作家にこのような、**こーすけくんをはるかにしのぐ残念な行為**をさせてしまうのですから、限定の効果、希少性の価値がいかに人の心を惑わすかということがわかっていただけたのではないでしょうか。

さて、以上の点を踏まえると、ひきこもりから脱却し充実人生を目指す私が考えるべきことは、やはり**自分を希少価値のある人間に育てる**ということでしょう。

他の人に無い、「自分限定のなにか」を持てば、周りの人たちもきっと私を名指しで求めてくれるようになるはずなのです。

まあそうは言ってもすぐにオンリーワンな長所を身につけることなんて簡単なことではないので、ここで、私がたまに使っている小手先の技をご紹介したいと思います。

たとえば誰かと会う約束をする時に、ひきこもりだからといって「今月は毎日空いてますよ」と**本当のことを言ってはいけません。**そういう時には、「えーと今月で空いてるのは、来週の木曜日か、あとは再来週の火曜日の15時以降だったら多分空けられると思いますよ」

と、**本当は向こう3カ月以上まったく予定など無いのに、わざと日付、時間を限定して伝えます。**そうすることによって、「この人は忙しい人なんだな。そんな忙しい人が自分と会ってくれるなんてありがたいなあ」と相手に思わせることができるのです。

たとえ小手先といえども自分に対して希少性をつけ価値を高めるためにも、ハード・トゥ・ゲット・テクニックをこれからも有効的に利用していきたいと思います。

限定されると、ココロはどうしても手に入れたくなる。

2章

認められたいココロ

5 自己肯定感

少し夢の無い話ですが、人は、自分の利益にならない行動は決してしようとしない生き物だそうです。

たとえ無償の善意に見える行為でも、意識的にせよ無意識的にせよ、人は心の中で常にその行為を行うことによって得られる対価を計算しています。

たとえば、電車の中でお年寄りに席を譲るような場合もそうです。これは一見「無償の優しさ」に感じられる行いですが、そこには「席を譲ると自分は立ってなきゃいけなくなるけど、その代わり周りの乗客の方々は俺のことを『あの人は優しい人だなあ』と評価してくれるだろうし、俺自身も『朝から良いことをしたなあ』と思うことによって今日1日が良い気分で過ごせそうだし、総合的に考えるとやっぱり席を譲った方が得だよなー」というような計算が、たとえ本人が意識していなくとも、心の奥底で必ず発生しています。その損得勘定により「得」だという答えが出た時のみ、人はその善意の行為を行うのです。

2004年に『電車男』という物語がブームになりましたが、その冒頭シーン、酔っ払いに絡まれる女性を助けようか助けまいか悩む電車男の頭の中でも、同様の複雑な計算が繰り広げられていたはずです。「ああ酔っ払い怖いなあ、関わりたくないなあ、でも絡まれてる女の人は美人だから、助けたらひょっとしたらなにかいいことがあるかもしれないよなあ。もしかしたらお礼に連絡先とか聞かれて、下手したらそれをきっかけに食事とか行っちゃったりしてその上何度かデートを重ねちゃったりして、挙げ句の果てにつき合うことになって家まで行っちゃってチューまでしちゃってさらに(中略)最終的には結婚までできちゃうかも……すっごく怖いけど、でも勇気を振り絞ってあの女の人を助けたら自分にも美人とチューとか(略)とかできるチャンスが待っているかも……」と、**ここまで彼は考えていたはずです。**

いくらなんでもそれは言い過ぎじゃないかと女性のみなさんは思うかもしれませんが、これはまったく大げさな話ではありません。男というのは、街で美人を見かけたら初見から数分のあいだに自分がその女性と結婚しているシーンまで一気に妄想を膨らませられる生物なのです。

これは紛れもない事実です。私の場合も、新宿から品川まで山手線に乗ればだいたい乗り合わせた女性5人くらいとは**妄想新婚生活**を繰り広げ、「この女性とだったら子どもは男の

子1人と女の子2人くらいがいいかなあ」なんていうことまで考えます。勢いのある時には
そのまま2人の**老後の生活まで**空想し、「年を取っても一緒に手をつないで買い物に行きた
いね♪」なんて心の中で見知らぬ美人に呼びかけて幸せな笑顔になるのです。男なんてまあ
そんなもんですよあなた。そうですよ。**バカなんですよ男は。**

ともかく、男だけでなく女性も含め、人はなにかしらの行動(援助行動など)を起こす時に
は必ず頭の中で損得勘定をしているものです。

その損得勘定で結果が「損」と出た場合には、我々は決して行動を起こすことはありませ
ん。電車男の場合も、被害にあっていたのが中谷美紀似の美女(エルメス)だったから助けま
したが、もし絡まれていたのが**片桐はいり似の女性**だったらおそらく口笛でも吹きながら**見
て見ぬフリ**を決め込んだに違いありません。

ただ、もちろんたとえ損得勘定の上に成り立っていようと、人助けをしたという事実は大
切です。

良い行動を起こすと、人は周りからの評価や美女とつき合える(ごくまれに)というような
オプションの他に、**「自己肯定感」**というものを得られます。

自己肯定感というのは、自分自身を尊重し自分という存在を認める感情です。いわゆる「自
信」のような感覚ですね。

この自己肯定感が強くなれば、普段から自然と堂々とした振る舞いができるようになり、

良い行いや援助行動もますます抵抗なく行えるようになります。これがまさに「情けは人のためならず」の仕組みです。人に情けをかけると相手が助かるだけでなく、こちらにも自己肯定感が芽生え、その自己肯定感が自分を成長させてくれるのです。

ちなみに、一般的にこの自己肯定感、自分を認め肯定する感情は、外国人と比べると日本人はずいぶん低いようです。

これは日本人は歴史的に謙虚であることを良しとする文化を持っているからだそうですが、たしかに海外で現地の人々と接してみると、彼らの**自分への肯定具合の異常な高さ（しかも根拠の無い）**がよく感じられます。

たとえばインドなどでは「俺は日本語が話せるんだ！　アイキャンスピークジャパニーズ！」と豪語する現地人がよくいますが、じゃあ話してみてよと催促すると、「コンニーチワ！」「オゲンキデースカ！」の二言だけを発してそのまま沈黙し、**「それだけかよっ!!　よくそれで日本語ができるなんて言えたもんだなオイッ!!!」**と激しいツッコミを入れさせられることがよくあります。

これが日本人が「私、英語しゃべれますよ」と言った場合、その人はもうほぼネイティブに近い、完全と言ってもいいほどの英会話ができるはずです。下手をしたら**英語版の「朝まで生テレビ！」に出演して討論できるくらい**英語が堪能でないと、謙虚な日本人は「英語しゃべれますよ」とは言わないでしょう。

インドでは、タクシーに乗っても彼らの自己肯定感の**意味不明な高さ**を思い知らされることになります。

タクシーを呼び止め「○○っていう宿まで行きたいんだけど、知ってる？」と聞くと「おお、知ってる知ってる！」と自信満々なので安心して乗ってみると、なぜか右往左往しながら走りしかも途中で止まり、運転手が窓を開けて**道端のじいさんばあさんに道を尋ね始める**ということがよくあります。**「おまえ全然場所知らねーじゃねえかよっ!!!」「知ってる！　知ってるけどちょっとど忘れしただけなんだよ!!　ノープロブレム!!」「ウソつけっ!!　知らないくせに客が欲しいからウソついて知ってるフリしたんだろこのウソつきバカっ!!!」「バカとはなんだバカ!!」**というようなわけのわからないやり取りが繰り広げられることが何度もあり、**自己肯定感が無駄に強すぎるのも勘弁してくれ**とこちらは疲れ果て、こんな国二度と来るかボケと思うことになるのです。

さて、根拠の無い自己肯定感もまた考え物ではありますが、ひきこもりから脱却し充実人生を目指す私が考えるべきことは、やはり「常日頃から自己肯定感を高めるための行動を心がける」ということに尽きると思います。

電車の中でお年寄りや妊婦さんを見かけたら席を譲る、体の不自由な人に声をかけてあげる、もしくはただ単に近所の人に気持ちよくあいさつをする。それだけでも、自己肯定感というのはきっと少しずつ高まって、自分への自信につながるはずです。

自分に自信を持つことは、まさに人と不自由なくコミュニケーションを取れるようになるための、最初の一歩なのだと思います。

いいことをすればするほど、ココロは自信を持つ。

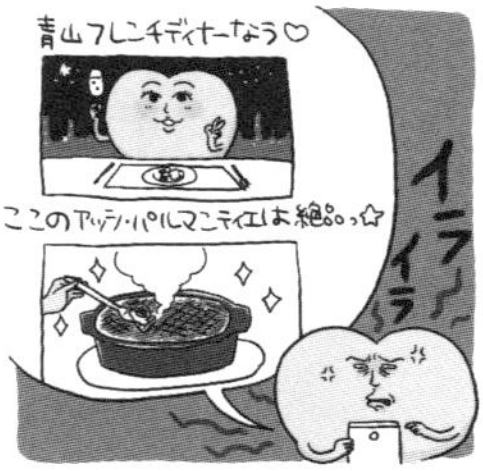

6 承認欲求

一般人に限らずひきこもりに限らず、私たちは誰もが「人に認めてもらいたい」「人に褒めてもらいたい」という欲求を持っています。

この欲求のことを心理学では**「承認欲求」**と呼んでいます。

もちろん、現状が恵まれているリアル充実な人よりも、恵まれていないリアル非充実な人々の承認欲求の方がより強くなる傾向があります。

ただし承認欲求が強いと言っても、普段ほとんど他人から承認されることの無い私のような恵まれないひきこもり、コミュニケーション能力に欠けるリアル非充実な人間は、承認のハードルもだいぶ低く、他人からほんのちょっと認められただけでもそれはそれは派手に喜んでしまいます。

たとえば私はＳＮＳサイトのフェイスブックで自分が近況を書き込んだ後、誰かが「いいね！」ボタンを押してくれるとそれだけで承認欲求が満たされ、幸せな気持ちに溢れて「んふふふふー！」と声に出して舞い上がってしまいます。ましてやそれが異性、特にちょっと気になっている女性からであると、「おお〜〜〜っ!! まさかマユミちゃんが俺に『いいね！』を押してくれるなんて!! うれしい！ もしかしてっ、もしかしてマユミちゃん**俺のこと好きなんじゃないい!? マジかよ〜〜たまらんな〜〜〜っっ!! え〜〜〜〜っ!?**」と、天にも昇るような気持ちで小躍りします。

ただし一方マユミちゃん側の心理としては、友人(私)の日記がアップされたのを見て本当は「おまえの1日なんてどうでもいいよカス」と心から思っているけれど、でもシカトするとあの変態のことだから逆恨みされる可能性もあるしせめて「いいね！」くらいは押しておこうか、わざわざコメントするのは面倒だけど「いいね！」ならクリックするだけだからな……………ということで**義務的にしぶしぶいいねを押しているのです。**しかしそんな義務的な義理「いいね！」だとしても、コミュニケーション能力に欠陥のある私のようなひきこもりは、承認欲求が大きく満たされた気がして狂喜乱舞してしまうのです。

承認欲求は、漠然と「認められたい」「褒めてもらいたい」というだけでなく、「人に注目されたい」「人より優れた人間だと思われたい」「人よりモテると思われたい」「人より権力があると思われたい」「人よりお金持ちだと思われたい」というような細かい欲求に分かれます。

その中でどの欲求が高いかは人によりまちまちですが、実は先に述べたSNSサイトの日記などで、その人物の承認欲求がどこに集中しているかをある程度見極めることができます。たとえばフェイスブックやツイッターなどの投稿サイトで意見や近況を書き込む時、そこには投稿者の本来の姿ではなく、**投稿者による「自分の理想の姿」**が書かれることが多いのです。

たとえば、「歩かなければそこには草が生える。でも、歩き続ければ道になるんだ！」とか、「通勤ラッシュの人ごみの中を1人逆方向へ進んでみると、マズローの欲求段階というのは人々の思考の次元を超えて共通であると感じる」とか、妙に真面目な、また哲学的なことをつぶやいている人は、その人が本当に真面目で哲学的な人なわけではなく、その人は**「人から真面目で哲学的な人だと思われたい人」**である場合が多いのです。

また他には、「青山のレストランでフレンチディナーなう！　ここのアッシ・パルマンティエは絶品!!　pic.twitter.com/…　**（高級ディナー画像のＵＲＬ）**」などとセレブな食事の様子を掲載している人は、その人が本当にセレブな人なわけではなく、**「自分が高級レストランで食事ができるようなセレブな人間だと思われたい人」**である可能性が高い、というかまず間違いなくそういう人です。

そういう方は年に数回しか無い、非日常なシーンであるその高級レストランでの食事を、さもそれが自分の日常の食事スタイルだと言わんばかりにツイッターやフェイスブックに画像を投入します。「アッシ・パルマンティエ」なんていう**今初めてメニューを見て知った料理名も、さも前から知っているかのようにつぶやきます。**

ひどい場合になると、コース料理の前菜からデザートまですべての料理を1枚1枚写真に撮って料理名とともにアップするという、はた迷惑でマナーの悪い行為を行う人もいますが、しかしあくまで本人にとってはそれがセレブアピールであるわけです。

なお、そのセレブアピールの周囲では、つぶやきを書く側と読む側の複雑な思惑が絡み合うことになります。

セレブ食事画像を披露した側は「すご〜い美味しそう！　私も食べたい！」「わ〜そのお店ってなかなか予約取れないんだよねえ。○○ちゃんすごい！」というような反応がもらえ、承認欲求が満たされるわけですが、一方「すご〜い美味しそう！」と書いている側の人間は心の中では**「テメエたまにしか行けない店の写真をこれ見よがしにアップしてんじゃねーよ！　ムカつくんだよ普段は安居酒屋にしか行けないくせによ‼」**と、投稿者の意図を見抜き毒づいている可能性が高いです。

結局そのセレブ投稿で得られる承認欲求はあくまで表向きのものでしかなく、裏側では人々の余計な敵対心をあおることになるだけですので、あまり不用意な自慢の書き込みというのは控えた方が良いでしょう。

さて、以上の点を踏まえると、ひきこもりから脱却し充実人生を目指す私が考えるべきことは、まずは「ネットに自分の理想の姿を投稿することくらいで承認欲求を満たしてしまわない」ということでしょう。

自分の理想像、哲学的な姿、真面目な姿、親切な姿、セレブな姿、それをネットでつぶやいて周りから「凄いねえ」と言われ、それで満足してしまっているようではまだまだダメダメですよね。そうやって自分の「偽りの理想の姿」を描いて満足するのではなく、ちゃんと現実を直視して、現実の自分を理想に近づけることこそが大事なのだと思います。

もし私がネットへ投稿するのであれば、たまのセレブな食事ではなく、むしろ**いつもの安食堂の食事の画像**をアップするように心がけたいと思います。それによって、「いつかもっとレベルの高い食事画像を投稿できる人間になってやる！」と自分を奮起させた方が、現実的な成長を望むためにはきっと良いでしょうから。

平凡であるほど、ココロは見栄を張りたがる。

7 合理化

イソップ物語に、「すっぱいブドウ」というお話があります。

ある日キツネさんが散歩をしていると、木の上にたわわに実った巨峰を発見しました。これはラッキー！　とキツネさんは飛び上がって巨峰を食べようとしますが、残念ながら彼のジャンプ力では木の上にまで届くことができず、結局その巨峰を食べることができませんでした。

そこでキツネさんは、「けっ、あんなブドウ、どうせまずいに決まってるよ。食べなくて正解だったぜ！」と捨てゼリフを吐いて、去って行きましたとさ。

……以上の短いお話が「すっぱいブドウ」ですが、ここに登場するキツネさんのように、目的が果たせない時や自分の思い通りに事が運ばなかった時に、「どうせあんなものたいしたことないさ！」と決めつけて心のバランスを取ろうとする行為、それを**「合理化」**と呼びます。

このイソップ童話を人間に置き換えるならば、男子が知り合いの女性のたわわに実った巨乳に心を奪われ、なんとかそれを手に入れようと奮闘しますがどうにも彼女の気持ちがなびかず願いが叶わなかった時に、**「けっ、あんな巨乳、どうせすぐにみっともなく垂れるに決まってるさ。手に入れられなくて正解だったぜ！」**と負け惜しみを言うようなものです。

もちろんこれは単なる男の負け惜しみであって、世の中にはいつまでも変わらず張りのある巨乳はたくさんあります。武田久美子さんを見てください。叶姉妹を見てください。このアンチエイジングが浸透している現代では、巨乳だっていつまでも若々しく熟れたての状態に保たれていることもあるのです。巨乳はいつでも正しいのです。**巨乳は常に正義なのです。巨乳に不正解はありません。**だから右の男の態度は単なる負け惜しみでしかないのですが、しかし当人の心の中では、手に入れられなかったものに対して「あんなものどうせたいしたことないさ！」と決めつけることによって、失敗したことに対する「小さな納得感」が得られるのです。これが合理化の目的です。

基本的に、人は「自分で選択したものは正しい」という思い込みを持っています。自分で選んだ就職先だからいいところに決まっている。自分で選んだ結婚相手なんだから素敵な人に決まっている。そのような思い込みを**「コントロール・イリュージョン」**と呼びますが、誰もが「自分で選択したものは正しい」と思い込むあまり、ブラック企業から退職できずずるずると働き続けてしまったり、いつまでもＤＶ男と別れられなかったりといった状態が発生するのです。

しかしそんな中で、自分のした選択はひょっとして正しくなかったのではないか？　という予感がした場合や、現実に自分が選んだ選択肢よりも良いものを発見してしまった場合、人は合理化によって心のバランスを取ろうとします。

たとえば、悩みに悩んだ末に高額な指輪を買った後に、違う店でさらに魅力的な指輪を見つけてしまった場合、人は合理化を行い最初に買った方を無理矢理にでも高く評価し、後から見つけた指輪の欠点をひたすら探し出し、自分の中でバランスを取ろうとします。

巨乳の例と似ていますが、「彼氏や彼女にふられた場合」にも人は心の合理化をはかり、ふられた彼氏や彼女の評価を無理矢理下げて納得しようとすることがあります。

ふられるといえばかの有名なこの私も、女性にふられる度に毎回合理化を行って、自分の傷ついた心をなんとか沈静化させようと努力しています。

参考までにその方法はといえば、たとえばようやくつき合えた彼女にたった１カ月でふられたような場合（よくあります）には、まずはその彼女の、**欠点を粗探ししてメモ帳に箇条書きに書き連ねます。**それから次に彼女が**たまたま変な顔で写っている写真**を彼女のブログやフェイスブック、または自分が隠し撮りした画像の中から探し出し、そして声高らかに「ほら、よく見ると全然かわいくないじゃんこの子！　見てこれ、写真うつりすっごい悪い（笑）！

しかもほらっ(メモ帳を示しながら)、こんーなたくさん欠点があるんだぜ!? 酒豪だしさあ、気が強いしさあ、ディズニーキャラクターの知識も俺より無いし、俺がまゆゆやゆきりんの話をすると鼻で笑ってバカにするし、それよりなにより、そもそもこの俺をふるような女だぜ? 俺みたいないい男をふるなんて、それだけでろくなやつじゃねえって!! こんな誠実な彼氏を捨てるような見る目が無い女はこっちから願い下げだって!! むしろ別れて大正解だよ! ああ良かった! 別れて良かった! あーっはっはっは(爆笑)!!」と、**徹底的に彼女をこき下ろします。**これこそ、自分をうまく慰め納得させるための、理想的な合理化の例なのです。

………………ちなみに、私はそのようにひとしきり彼女をなじった後、**一瞬の後にものすごい自己嫌悪に陥り切腹したくなります。**

だって……、**むなしいんですもの(涙)**。

こうして彼女をけなして合理化を図ってはいるものの、結局私は、まだ彼女のことが**好きなんです。**わかっています。**好きだからけなさないと気が済まないんです。**むしろ私のようなろくでなしに早々に見切りをつけられる女性なんですから、冷静で判断力のある素晴らしい女性なんですよ彼女は。私のようなクズ男をズバッと切り捨てることができるなんて、実に決断力のあるできた女性じゃないですか。そんな素敵な彼女を失ってしまったなんて、僕はもう死にたいですううう……(号泣)。

という具合に、合理化は時としてさらなるむなしさや悲しみをもたらすだけという結果に**なることもあるのでみなさん注意してください（涙）。**

さて、話は変わりますがよくインターネット上の掲示板などで見られるのが、「人生の合理化」です。

誰か自分より幸せな人、お金持ちな人、名声のある人、モテる人。そんな人に対して、ネット上でひたすら誹謗中傷《ひぼうちゅうしょう》を行う人がいます。

それは、自分よりも幸せな人間に対して、「あいつは実はこんな低俗な人間なんだ、したがって自分とあいつとはしょせん同じレベルの存在なんだよ」と自分に思い込ませ、納得させるための行為です。

有名人の失言や不貞、薬物使用などの罪を鬼の首を取ったように責め立てたり、「あいつは整形してる」「あいつは同性愛者だ」「あいつは日本国籍じゃない」などと根拠の不確定な噂を書き立てたり、そのようにして自分より上の人間を引きずり下ろし、心のバランスを保とうとしているのです。

しかし、ひきこもりから脱却し充実人生を目指す私が考えるべきことは、決して他人を自分のレベルに引きずり下ろすことではないと思います。それはまったくの逆であり、**自分が相手のレベルにまで上がっていくということこそを考えるべきでしょう。**

たとえばつきあっていた彼女にふられたならば、彼女をこき下ろすような見苦しい行いをするのではなく（涙）、むしろ「いつか俺も彼女に見合うようないい男になってやる！」と決意をする。自分より幸せそうな人間を見たならば、悪口を言うのではなく、「いつか自分もあいつのように幸せになってやる！」と目標を立てる。

そのように、前向きな方向の合理化を図ることが、きっと私にとっては大切なことなんだと思います。

どう転んでも、ココロは「正しかった」ことにしようとする。

8　セルフ・ハンディキャッピング

学生時代の、中間テストや期末テストの日のことを思い出してください。おそらく、教室のそこかしこで「俺全然勉強してないよ~」「私も全然勉強できなかった~今回は絶対ダメだと思う~!」というような会話が繰り広げられていたと思います。

しかし試験が行われた結果、「全然勉強してないよ~」「今回は絶対ダメだと思う~!」と謙遜していた生徒たちこそ、**大抵高得点を取ります。**このウソつきどもがっ!!

彼らのように、本当にせよウソにせよ、あえて自らの努力やコンディションを否定し「自分が不利な状況にいること」を強調する行為、これを**「セルフ・ハンディキャッピング」**と呼びます。「全然勉強しなかった!」と自分にハンディキャップを負わせれば、仮にその試験で成績が悪かったとしても「今回できが悪かったのは自分の能力が劣っているせいではなく、勉強をしなかったせいだ」と、自尊心を傷つけない言い訳ができます。成績が良かった場合には、今度は「あれだけ勉強しなかったのに良い点数を取れるなんて、自分は能力のある人間なんだ」と自己肯定感を得ることができます。

セルフ・ハンディキャッピングは、自分の自尊感情を傷つけないために、あらかじめ自分で仕掛けておく保険のようなものです。

人は大人になれば責任感が身につきますので、セルフ・ハンディキャッピングを利用することは比較的少なくなります。

たとえばタイトルマッチに臨むプロレスラーが、「ボクあんまりトレーニングしなかったし、小さい頃から体も弱いから、勝てる自信なんて無いよぉ……絶対負けちゃうよぉ……」なんて頼りない発言をすることはありません。むしろ**「てめーぶち殺してやるこの野郎エーコラぁッ!! 二度とリングに上がれない体にしてやるよ!! 死ぬ気があるならかかって来いやっ!! 覚悟しろオラッ!!」**と、セルフ・ハンディキャップどころか逆に自信満々に**殺人予告**まで行うパターンの方が多いです。

最近はネット上で誰かに対して殺人をほのめかす書き込みをするだけで警察に逮捕されるものですが、プロレスラーの場合はなぜか相手に**面と向かって殺すことを宣言しても特に捕まることはありません。**なぜでしょう。きっと、プロレスラーは強いので警察も怖くて逮捕に踏ん切れないのでしょう。これは完全に警察の弱腰、怠慢だと思われます。私はこれからの日本の治安が心配でたまりません。

まあ警察の怠慢の話はともかく、プロレスラーのようにプロとして自分の仕事に誇りを持っている人々ならばセルフ・ハンディキャッピングに頼ることなどありませんが、ただし大人でも、プロ意識に欠けるような人は自らハンディキャップを用意することもあります。

その代表的なものが、**「寝てないアピール」**です。

よく、「昨日は仕事が終わらずひさしぶりの完徹でした！」「今週は平均睡眠時間2時間！死ぬぞ俺(爆)！」というような睡眠不足アピールが、対面にしろネット上の日記やつぶやきにしろ行われることがあります。

そうして寝てないアピールをしておけば遅刻やミスの言い訳にもなりますし、同時に**「寝てなくても仕事を頑張っている精力的で魅力的な自分」**を周りに対して誇示することもできます。

しかし私は思うのです。「寝てないアピール」というのは、まかり間違っても決してその人のイメージを上げる行為ではないと。

もしみなさんが、寝てないアピールをしている友人や知人に「そんなに寝ずに毎日頑張っているなんてすごいなあ」とプラスのイメージを持ってしまっているとしたら、自分が飛行機に乗っているところを想像してみてください。

自分の乗った飛行機が離陸する直前、機長のアナウンスで「みなさま、本日はご搭乗ありがとうございます。機長を務めさせていただく田中と申します。実は私、**今朝まで報告書を**

書いていて一睡もしてなくてふらふらなんですが、それでもみなさんを目的地にお運びするために体に鞭打って今から12時間のフライト頑張りますので、どうぞよろしくお願いいたします」と流れてきたらどう思うでしょう？　「いやー、そんなに睡眠不足でふらふらなのに僕たちのためにがんばって操縦してくれるなんてありがたいなあ。頼りになるなあ。まあ徹夜なら多少のミスや墜落は大目に見ますから、どうかがんばってくださいね♪　**って言うわけねーだろボケっっ!!!　おい機長テメエ!!　おまえ乗客の命をなんと心得るっ!!　おまえのような機長に貴重な命を預けられるかっ!!　よく寝ている睡眠十分気力充実な他のパイロットと今すぐ変わってくれ!!!　変われワレッ!!**」と、機長のイメージアップどころか別の機長への交代を懇願するのではないでしょうか。

これが飛行機ではなく、タクシーの運転手でも同じでしょう。

タクシーに乗車したところ「どうもお客さん！　最近は政府の経済政策のおかげで景気が良くてねえ。昨日なんて大繁盛で1時間しか寝れてなくてもうふらふらですわ！　でもお客さんのためになんとか安全居眠り運転でがんばりますよ!……ところで今日はどこまで?」とドライバーに言われたら、目的地を告げる気になるでしょうか？　機長の場合と同じく、やはりイメージアップなどとんでもない話で、普通はすぐさまそのタクシーを降りたくなるでしょう。

そう考えると、飛行機やタクシーは断固拒否するのに、一般のサラリーマンの寝てないアピールは「寝てないのにがんばっていてすごいなあ」と良い方向に受け止めるのは、まったくのお門違いというものです。

ろくに寝ていなくてもクオリティの高い仕事ができるのは世の中には明石家さんまさんを始めほんの一握りの方々だけであり、通常は睡眠を満足に取っていない人は確実に仕事の質が下がります。ならば「寝てないアピール」というのは本人にとってはセルフ・ハンディキャッピングであっても、その実は「自分はコンディションが悪いのでクオリティの低い仕事しかできません」と周りにアピールしてしまっていることになるのです。

このように、セルフ・ハンディキャッピングというのは「勉強してないし寝てないから結果が悪くても仕方ないなあ」と自分のプライドを保つ大義名分にはなりますが、周囲から見ればそれはマイナスイメージを生む行為にもなってしまうわけです。

となれば、ひきこもりから脱却し充実人生を目指す私が行うべきことは、**自分自身に言い訳をしない**ということだと思います。

思えば私も「勉強していないんだから成績が悪くて当たり前だ」「睡眠不足なんだから原稿が書けなくて当たり前だ」と、いつも自分に言い訳をする人間でした。しかし人間、**できなくて当たり前だと思っていると、本当にできなくなってしまう**のだと思います。

そんな人間はきっと一生言い訳ばかりで、自分を高めることなどできないでしょう。むしろ「自分は勉強したんだ」「自分はよく寝て体調が万全なんだから良い仕事ができて当たり前だ」と、ハンディキャップとは逆の考えを持つことによって、それが自信につながり、良い結果を生むことになるのではないでしょうか。

失敗をした時言い訳をしないことは難しいですが、失敗を「なにかのせい」ではなく「自分が至らないせいだ」と素直に認め、できるだけ自分を高めていくよう奮起することこそが大事なのだと思います。

傷つかないように、ココロは保険をかけたがる。

9 栄光浴

私の作家仲間に、数々の文学賞を受賞し著作は何度も映像化され世界中で翻訳もされている、日本の文学史に名を残す大作家、よしもとばななさんがいます。

私はばななさんとはよくメールをする仲で、メールだけでなく一緒にごはんに行くことだってあります。

そもそも人というのは自分と同じレベルの人間と交流するものであり、そう考えると、ばななさんと交流している私はよしもとばななさんと同じレベルの、未来には日本文学史に名を残す可能性の高い天才作家ということになります。

私は相手が小学生以上なら誰と話している時でも、「自分はあのよしもとばななさんと友達である」という話を一度や二度は必ず切り出します。どんな時でも虎視眈々とその話を始めるタイミングを狙っており、たとえば誰かがチョコバナナクレープを食べている時には、

「そのクレープ、バナナが入ってて美味しそうだよねー。**あっそうそう、バナナといえばさあ、**俺よしもとばななさんとよくごはん食べに行くんだけどさあ、あの人ってほんと凄い人なんだよね」と、**限りなくスムーズに**ばななさんの話題を出していきます。最悪、誰からもバナナの気配を引き出せそうもなかったら、自ら「ねえねえ、みんなでマジカルバナナでもやらない？　じゃあ俺からね！　せーの、**バナナといったらよしもとばなな！　あっそうそう、よしもとばななといえばさあ、**実は俺ばななさんと友達でさあ……」と、**力ずくで話をこじ開けます。**

もうおわかりだと思いますが、これは、別に私がよしもとばななさんについて取り立てて話したいことがあるわけではなく、ただ「俺はあの大作家のよしもとばななさんと友達なんだぞ。**だから俺もすごい人間なんだぞ」と自慢したいだけのこと**です。

ここだけの話ですが、実のところ私がばななさんと食事に行ったのは遠い記憶の中に2、3度ほどあるだけで、あちらから見れば私は**交流のある200人くらいの無名作家のうちの1人**でしかないのですが、こちらからはいかにも「俺はあのよしもとさんと家族ぐるみの付き合いをしているんだぜ！　むしろ**俺がいなければ今のあの人は無いんだぜ！」レベルの放言**でドヤ顔になり自慢をします。

……………とこのように、私があることないこと、いやむしろ**無いこと無いこと**を並べ立てて有名人と知り合いであるということを自慢する行い、これを**「栄光浴」**と呼びます。

その名の通り栄光浴というのは、「自分が著名人と知り合いである」ということを誇示し、偉大な第三者の栄光のおこぼれを浴びて自分までレベルの高い人間であるとアピールし、自尊感情を満足させる行為です。

はっきり言って、これ、**実に情けない行いです。**

しかし情けない行いであっても、人は誰しも無意識にこの栄光浴に頼ってしまう傾向があるのです。

アメリカで大学生を対象にした、こんな実験が行われたことがあります。

無作為に学生に電話をかけ、「先日のフットボールの試合で、あなたの大学のチームは勝ちましたか？」と尋ねます。すると、結果が「勝った」という場合には、32％の学生が「**我々は**勝った」という表現をしたそうです。もちろんその学生はフットボールチーム自体とは無関係なのですが、勝ったチームの栄光にあずかるために、あたかも自分が関係者であるような「我々は勝った」という表現をしたのです。

ところが、これがチームが負けた場合には、「我々は負けた」と「我々は」という表現を使った学生は、18％と大幅に減ったのです。その減った分の学生はどういう言い方をしたかというと、今度は「我々」ではなく、「**彼らは**負けた」「**あのチームは**負けた」というように、**いきなり自分とは無関係な存在として**フットボールチームのことを表現したのです。

ほんと、人間というのは自分勝手な存在ですね。

この実験結果と同様な現象は、日本でも身近に見ることができます。それが、**サッカーの過激なサポーターの方たち**です。

特に昨今ワールドカップのような大試合で日本チームが勝利した場合、渋谷のスクランブル交差点などは歓喜する若者たちで溢れ返り、警備のために警察が出動するほどの騒ぎとなります。

別に彼らは選手と一緒に必死で走り回ったでもなく苦しい練習に耐えてきたでもなく、**ただ酒を飲みながら悠々とテレビを見ていただけの人たち**ですが、それでも日本チームが勝った途端、**まるでそれが自分の活躍、自分自身の身に起こった出来事であるかのごとく喜び騒ぎます。**これは先のアメリカの学生と同じで、自分たちを日本代表チームと同化して栄光浴にあずかろうとする行為です。

そんなことのために道で騒いで一般人の通行を邪魔し、警察まで動員させて無駄な税金を使わせるのですから、たまたま渋谷のスクランブル交差点の地下に不発弾が埋もれていて、若者が暴れ回っている時にたまたま大爆発して全員木っ端微塵になればいいのになあと私は思いますが、そんな不謹慎なことを不特定多数の人の目に触れるこのような出版物で**書けようはずがありません。**

まあしかし、応援しているチームが勝利したわけですから、自分のことのように喜ぶのはいいと思います。それだけチームに愛着があるということなのですから。

ただ、それならば逆に、日本チームが敗北した時にも自分のことのように悲しみ、食事も喉を通らないほど落ち込まないと筋が通らないのに、実際はそうはならないのです。勝った時には自分のこととして喜ぶのに、これが負けたとなると悲しむどころかむしろ「何やってんだよ岡野!! 自分でシュート打てよ!!」とか、「柳沢ぁ〜〜っ!! あんなの中学生でも決めれるだろうが!! おまえが決めなかったから負けたんだよ!!」と、今度は**チームの選手をあくまで他人と割り切って、**戦犯を探して怒りをぶつけたりします。

勝った時にはまるで自分の手柄のように喜び、負けた時には「おまえらなんて知らん！」と冷たく突き放す。

もちろん全てのサッカーファンがそうではないでしょうが、ワイドショーなどで放映される一部の特徴的な若者の姿を見ていると、人というもの、栄光浴というものの浅ましさを感じずにはいられません。

となれば、ひきこもりから脱却し充実人生を目指す私が考えるべきことはこれはもう明らかで、「他人の栄光に浸って満足するような、情けない行いをやめる」ということですね。

有名人と知り合いであったり、応援している選手やチームが優勝したり、それを自分のことのように自慢したくなる気持ちは誰にでもあると思います。しかし他人の栄光のおこぼれで満足してしまう人生は実に惨めなものだとも思います。ためしにこの項の冒頭の私を見てください。本当に惨めな人間に見えますよね(泣)？

そんなふうに他人の栄光に頼るよりも、むしろいつか自分こそが栄光浴の、その栄光を発する側の立場になりたいと、私は思うのです。

ココロは、他人の成功に乗っかりたがる。

10 社会的手抜き

「リンゲルマンの綱引き実験」と呼ばれる実験があります。

その内容は、1人、2人、3人……とだんだんチームの人数を増やして綱引きをし、各個人それぞれがどれだけの力で綱を引っ張っているかを調べるものです。

実験の結果わかったことは、**1チームの人数が増えるほど、1人が出す力は減っていく**ということでした。

決して意図して力を抜いているわけではありません。当人は等しく全力で綱を引いているつもりでも、同じチームの人数が増えるとなぜか自然に引く力が少なくなってしまうのです。

1人だけで引く時の全力を100%とした時、2人のチームになると発揮される力は93%に、3人の時は85%、さらに1チームの人数が8人になると、1人あたりの引く力は49%にまで下がってしまったのです。

また、同種の実験として、「ビブ・ラタネの拍手実験」というものがあります。

被験者である複数の男子学生に対し、全力で拍手をするように命じるのですが、この時、同時に拍手をする人数を増やしていくと、やはり1人だけで拍手をする時と比べ個人の力は弱くなってしまいました。本人は100％の力を出しているつもりなのに、実際に加えられている力は人数の増加に反比例してどんどん減少し、**6人の集団になると1人1人の力はおよそ3分の1にまで減ってしまった**のです。

このような現象を**「社会的手抜き」**および、綱引き実験のリンゲルマンの名を借りて**「リンゲルマン効果」**と呼びます。

この社会的手抜きが起こる原因は、参加者のそれぞれが無意識のうちに他人の力を頼り、責任感が分散されてしまうことによるものです。

たとえばプロのスポーツチームなど、よく鍛えられ各ポジションの責任がはっきりしている場合はこの社会的手抜きは起こりにくいですが、一般的には人の集まった場では、その集団で発揮される力は各個の力の総和よりも小さくなってしまいます。

こうして見てみると、たしかに人生において人付き合い、外に出てたくさんの人たちと交流するというのは大事なことですが、反対に、人は時に1人になってみるということもまた同じように大事なことだと思えます。

少なくとも、人は1人になった時に、自分が持つ能力、本来の力を最も良く発揮できるようになると実験では証明されているのです。

前書きでも述べたように私は過去にアフリカからアジアを横断する一人旅に出たことがありますが、思えばこんな我慢のできない軟弱な私が海外の辺境地域を1人で旅することができたのは、むしろ1人だったからこそ、日本で家族や友人やネット仲間と一緒にいる時と比べて少しだけ強く、たくましくなっていたからかもしれません。

また、今の私は作家として活動していますが、この仕事は基本的には孤独なものであり、作品もほとんどはたった1人で作り上げなければいけません。

大学を中退してからアルバイトや派遣社員を転々としていた私は、いつも重要な仕事は他人にまかせ、責任感も無く大勢の中の1人、いや、1人未満の存在として受動的に働いていました。

その頃の自分と比べると、基本的に「友達もいないひきこもり」というキャラクターは変わっていませんが、私は作家としてほぼ完全に1人になることによって、当時よりは少しだけ責任感が増し、少しだけ自分に自信を持てるようになった気がしています。

旅にしろ仕事にしろ、他に頼れる人がいない状況、たとえ大きなトラブルに襲われても自分1人で切り抜けなければいけない状況、そんな中では人は持っている力を100%、いや、それ以上に発揮できるようになるのだと思います。

もちろん世の中の多くの仕事や作業は集団の中で行うものです。しかし、その中にいても自分を集団の一部とみなすのではなく、あくまで自分は自分という1人の存在であると考え、自分だけにできること、自分だけの目標、そういうものを作って努力していけば、自分の100％の壁を越えられる可能性が広がっていくのではないでしょうか。

人が集まればその分、ココロは手を抜きたがる。

3章 見た目に弱いココロ

11 美人について

世間ではよく、「美人は得だ」と言われています。

果たしてそれは本当のことでしょうか？

……いえ、そんなはずはありません。もし私たちが社会生活を営む上で、美人にしろ美男子にしろ外見が良いというだけでその人物が贔屓《ひいき》されるような事例が横行しているというのならば、私はもうこの社会に失望します。

世界は、もっと人に対して平等なはずです。外見の善し悪しではなく、その人の中身、本質こそが判断される世の中であると、そう私は強く信じています。いえ……どうか、信じさせてください。

もちろん、私がＡＫＢのまゆゆやゆきりんのことが好きなのも、決して外見が良いからではありません。私は彼女たちの**中身を好きになったのです。**外見などどうでもよく、愛しているのはあくまで中身です。新曲を歌っているシーンや水着のグラビア写真を見れば、彼女たちがいかに性格が良いかということがわかりますからね。そこで中身を好きになったら、たまたま彼女たちは外見も良かったという、そういう**偶然の産物**なのです。私は決して外見で人を判断なんてしませんから。その点理解していただかないと困りますよ。いい加減にしてください。

というように、私はいたって公明正大な人間ですが、では、社会一般はどうでしょうか？それでは、心理学の実験を通して、この世間一般もやはり外見にとらわれない平等な世であるということを確認したいと思います。なにしろもしこの世界が美人やイケメンばかりが優遇されるような場だとしたら、いくらなんでもこの上品な私も「なんじゃそりゃー!!」と下品に叫んでしまいますから、ここできちんと、実験によってこの世だって私と同じく美醜にとらわれない公明正大な世であるということを確認したいと思います。

アメリカで、裁判のシミュレーション実験が行われました。

被験者を陪審員役にし、被告人が美人と不美人であった場合に量刑に違いが出るかを見極めるという実験です。

まず、「7歳の女の子が、雪合戦で雪に交ぜて硬い氷を投げ、友達にけがをさせてしまった」という仮想の事件について実験を行いました。まずとてもかわいい女の子の写真を用意し、その子が被告人であると伝えた場合、陪審員の心証は「女の子の投げた雪にたまたま氷が入っていただけで、偶然の出来事だったんだろう」となり、**ほぼ無罪**という判断が下されました。

ところが、次にたいしてかわいくない女の子の写真を見せ、この子が被告人であると伝えた場合、今度は**「故意のいたずらであり、罪は重い」**という判断がなされたのです。

さらに、仮想の強盗事件でも同様の実験が行われました。強盗を犯した犯人が美人である場合、陪審員役である被験者が下した量刑は平均でおよそ**懲役3年**となりましたが、犯人が不美人である場合、今度は平均しておおむね**懲役5年**という刑期が言い渡されたのです。

……………。

なんじゃそりゃーーーーーーーーーっっっ(涙)!!!

ちょ、ちょっと待ちなさい。これは本当のことでしょうか？　こんなことがあっていいのでしょうか？　最も公平が期される場である法廷において、裁判の場において、犯した罪がまったく同じであっても美人と不美人で刑期が2年も変わってくるなんて、そんなバカなっ!!

ちなみに、ここでは「美人と不美人」と分けていますが、男性の場合で「イケメンとブ男(非イケメン)」で分けてもほぼ同じ結果となったそうです。

いやいや、こんな残酷なことってありますか!?　まさか世の中がこんなに不公平、不公明不正大なものだったなんて！　あんまりですよ!!

いや、しかし待ってください。まだ嘆くのは早いです。どうやら、もうひとつ別の実験があるようです。

そうですね、たったひとつの実験結果だけで世の中の不公平さを嘆いてしまってはいけませんね。それは世の中に失礼というものです。ちゃんと別の実験結果もあわせて見て、その上でこちらも世の中に対して公正な判定を下してあげなければいけません。大変失礼しました世の中さん。

では早速、張り切って次の実験を見てみましょう。

男子大学生を被験者として、こんな実験が行われたそうです。

先ほどは仮想の裁判でしたが、今度は裁判ではなく、仮想のケースとして5つの場面を想定します。

ひとつ目が、「女性の部屋の家具の移動を手伝う」。2つ目が、「女性の輸血のために自分の血液を提供する」。3つ目が、「女性が溺れているところを助ける」。4つ目が「火事で燃えさかる建物から女性を救出する」。そして最後が「テロリストにとらわれている女性を命がけで助ける」。

そしてその5つの場面ごとに、男子学生に美人や不美人が取り混ぜられた複数の女性の写真を見せ、「どの女性だったらあなたは助けてあげたいと思いますか？」とアンケートを採りました。するとなんと！　**5つのどの場面においても、「助ける」と判断されたのは美人**

が圧倒的に多かったというのです。

………………………。

なんじゃそりゃーーーーーーーーーーーっっっ(涙)!!!

とほほほほ(泣)。

うーーん。これは……いったいどういうことでしょう。部屋の家具の移動だけならいざ知らず、輸血をしてあげるかどうかすら、世の中の人々は相手の外見で判断をするという結果になっているじゃあありませんか。

じゃあなんですか? 美人やイケメンならば助けられるけど、**ブスやブ男は部屋の模様替えもできなければ輸血もしてもらえないし、溺れても火事で燃え上がってもテロリストに殺されても一向に構わないということでしょうか(涙)**。

いやーー、なんともびっくりな結果ですねー。あははははは(笑)。

笑い事じゃないっつーんだよっ!!!

ああ、世の中って、なんて不公平なのかしら(号泣)。

……………さて、以上の点を踏まえると、ひきこもりから脱却し充実人生を目指す私が考えるべきことは、とにもかくにも「自分がイケメンになる」ということですね。

なるほど……。**それができりゃ苦労しねーっつーんだよっっ(涙)!!!**

まあしかし、だがしかし、もちろんこの本を読んでいる方の中にも美人&イケメンは多数いらっしゃるでしょうが、そうでないみなさんも、諦めるのはまだ早いのです。

実はそもそも、美人＆イケメンというのは「生まれつき顔立ちが整っているかどうか」だけで判断されるものではないのです。

それでは引き続き、美人やイケメンには生きていく上でどんな得がありもしくは損があるのか、またそもそも美人やイケメンとはどういうことを指すのか、その点について勉強してみたいと思います。

美形の男女のことを、ココロは無条件にひいきする。

12 美人の定義

ところで、「美人」や「イケメン」とは言うものの、そもそもなにをもって美人やイケメンというのは決定づけられるのでしょうか？　私たちは、なにを基準に他人（もしくは自分）を美人である、イケメンである、と判断しているのでしょうか。

フェイスブックやブログ、ツイッターなど、ネット上では自分の写真を公開している人が大勢いますが、その中には、**自分がどの角度から写れば最も良い顔に見えるか**を自分でよくわかってらっしゃる方がいます。

私はキモオタ（キモいオタク）もしくはネットストーカーを自負していますので、ツイッターの美人なフォロワーさんのページや美人な知人女性のブログ、もしくは知人じゃなくても美人の顔写真をどこかで見つけると、必ずその画像を自分のパソコンにダウンロードして、「原稿用取材写真」などと偽名をつけた隠しフォルダに保存するようにしています。バックアップのため外付けハードディスクにもちゃんとコピーします。

保存した画像を何に使うかはいくらなんでもここでは書けませんが、それはともかく、そのように美人の写真を保存しようと眺めていると、**どの写真においても必ず同じ角度と同じ表情で写っている女性**を見かけることがあります。

本当に何十枚、何百枚とある写真、どれを見てもほぼすべての画像で同じ角度と同じ表情と同じ髪型をしているのです。思わず**「おまえはモナリザかっっ!!」**とモニターの前でつっこみを入れてしまったことがあるほど、いや、**むしろ絵画のモナリザの方がまだ見る度に違った表情を見せてくれるのではないか**と思うほど、いついかなる状況でも変わらない、自分の「キメ顔」をわかっている女性がいらっしゃるのです。

そういう人を見ると、こちらキモオタとしてはどうにも画像収集のしがいが無くなるというものです。なにしろどの写真も同じ顔なものですから、「あっ、またミユキちゃんの新しい写真がアップされてるぞ！　やったあ！……でもこれ、この前のバリ島の時のやつとまったく同じ顔してるから、今回は保存してもしなくても同じだよなあ。つまんないなあ」なんて期待を削がれることになってしまうのです。

私がキメ顔を作っている女性のみなさんに強く言いたいことは、みなさんはネット上で自分の写真を広く公開できるほど「自分は美人の部類に入っている人間である」と自覚している人なのですから、それならばさらにもっともっと自信を持って、ちゃんといろんな角度と表情の、バラエティに富んだあなたの姿を見せてくださいということです。

いいじゃないですか、たまには違う角度でも。反対の角度では多少美人度が落ちて見えたとしても、それもあなたなのです。**キモオタから見れば、十分いや十二分に美人なのです。**だから、「いろんな角度と表情の美人画像を収集したい」という、私のような変態の気持ちもどうか思いやってください。

……あ、言っておきますが、たしかに私はキモオタで変態ですが、変態といってもちゃんと近所の人にあいさつもできる、良い悪いで分けると**良い方の変態**ですからね。それはわかってくださいね。わかってくれないとボクちん怒っちゃうぞプンプン(笑)!

さて、そんな気持ち悪い話はさておき最初の課題でありますが、**いったい美人、イケメンというのは理論的にはどのような顔のことを指すのでしょうか?** なにかそこに決まった法則はあるのでしょうか?

実は、美人やイケメンに見える顔というのは、ある定義があるのです。

それは、その人の容姿がシンメトリー、つまり**左右対称に近ければ近いほど、我々はその人を美人もしくはイケメンだと判断する**傾向が強いということです。

これは心理学というより生物学の話になってきますが、生物の目的というのはどの種も変わらず「子孫を残す」ということであり、それはもちろん、我々ヒトも同じです。その際に、種の中で外見が左右対称である個体は、**良い子孫を残せるような健康な個体だ**と異性から判断される可能性が高いのです。つまり、左右対称な個体が異性からモテるということですね。

そこで先ほどのキメ顔の話になりますが、自分が最も美しく、もしくは格好良く見える角度を知っている人というのは、つまり**自分の顔が左右対称に最も近づく角度を知っている**ということになります。無意識に彼ら彼女らは、キメ顔、自らのシンメトリー顔を作って写真に写っているのです。

なお、これは女性に限ったことですが、同じく子孫を残すために適した健康な個体だと判断される条件として、**ウエストとヒップが7：10の比率になっている**というものが挙げられます。お尻を10とした時に腰回りが7になるくびれを持つ女性、そんな特徴のある女性が男性からは「子孫を残すのにふさわしい個体」だと判断され、本能的に好まれる、モテることになります。

さて、前項では、ひきこもりから脱却し充実人生を目指す私が行うべきことは「イケメンになる」ということであると述べました。そこで思わず**「なれるわけねーだろっ（涙）!!」**と叫んでしまった今日この頃の私ですが、しかし美人イケメンの定義を知った今では、**誰にでもその噂の美人やイケメンになれるチャンスがある**ということがわかります。

早い話が、美人やイケメンでない人は、**見た目をシンメトリー、左右対称にしてしまえばいい**のです。定義に従えば、顔の造りを左右対称にできる限り近づければ、誰もがイケメンに美人になることができるのです。顔の左側にほくろがある人は、右側にも同じほくろを描きましょう。右の額に刀傷がある人は、**左の額も切りつけて傷をつけましょう。**普段片側の目に眼帯をしている海賊や独眼竜の方々は、**もう片方の目にも眼帯をしましょう。**なにも見えなくなりますけど。

また、それに加えて女性の場合は、**ウエストとヒップの比率を7:10にすればいい**んです。ここでは何㎝というサイズではなく比率だけが問題なのですから、もともと全体的にふくよかでウエストをくびれさせるのが困難だという女性も、発想を逆転して**尻の方を膨らませればいい**んです。今まで以上に食生活を堕落させもっともっとたくさん食べて**尻を意識して脂肪をつける**か、いっそのこと尻パッドを入れるか、ともかく今のウエストサイズに対して7分の10になるようにお尻を肥大化させてあげれば、男性にモテるようになること間違いなしです!……と思います。

もしも「尻を大きくしたけどやっぱり全然モテないよ」という場合は、世界にはたとえば**アフリカのウガンダ共和国**など**「ヒップが大きければ大きいほどモテる国」**がありますので、そちらの方までお出かけになればこれはもう絶対に100%モテます!……と思います。

どうかその際は、お気をつけて渡航されてくださいませ。

ココロは見た目「左右対称」「7:10」を好む。

13 美人について2

さて、美人とイケメンの定義、そして誰もが美人・イケメンを目指せるということがわかったところで、もう一度いかに美人イケメンが人生において得かという実験結果をご紹介したいと思います。

アメリカのある大学で、700人以上の人物の顔写真を用意し、それらの顔の美人度、イケメン度を5点満点で採点し、その点数と収入を比較するという実験が行われました。

すると、驚くべきことがわかりました。顔の点数が4点もしくは5点である人たちは、2点の人と比べて平均で**年収がおよそ5000ドルも多かった**のです。さらに、最低点である1点の人と最高点である5点の人のあいだの年収差は、最大で1万ドルもの開きがあったそうです。

つまり、美人イケメンは、ただモテたり輸血をしてもらえたり部屋の模様替えを手伝ってもらえるだけでなく、**年収までが不美人や非イケメンよりも多くなる**ということがわかったのです。

ここまできたら、もう美人イケメンかどうか、その容姿のランクによって人生が決まってしまうと言っても大げさではありません。まあ美人やイケメンでなければ**燃えさかる建物に置き去りにされテロリストに捕まっても放っておかれる**のですから、大げさどころか完璧に人生の幸不幸に容姿が関係しているということは明らかですけどね(涙)。

たしかに、世の中には採用条件が美人やイケメンであるという職業もあると思います。モデルさんやタレントさんはもちろんのこと、接客業などではやはり笑顔が素敵な人が優先して採用されることでしょう。それならば、外見の善し悪しが収入に関係してくるというのも納得できる話ではあります。

少し前には「美人過ぎる○○」というフレーズが流行りましたが、本来は直接的に容姿が関係ない職業、たとえばその「美人過ぎる○○」のハシリである政治家、都議会議員や市議会議員さんなどでも、**「どう考えてもこの人が美人じゃなかったら落選しただろうな」**と思われる方が何人かおられます(※あくまで個人の感想です)。議員さんなんていうのは紛れもなく高収入な職業ですから、そういう点でもやはり美人は実入りが良くなるというのは理解できてしまいます。

ちなみに余談ですが、「美人過ぎる○○」という表現は一時乱用され過ぎていた感があり、私の知り合いの失礼ながら**それほど美人であるという気はあまりしない文化人の方**も、「美人過ぎる○○」として(○○を具体的に書くと個人が特定されるので○○のままでお許しください)、とある雑誌に紹介されていました。

それもちょっとかわいそうな話だと思います。だって、「美人過ぎる○○」という大々的なキャプションで写真が公開されているのに、実物が美人過ぎるというほどではなかったら、たとえ平均以上の容姿を持っていたとしても読者からは「なんだよ、全然たいしたことないじゃないかよ！」と文句を言われてしまうのです。それならば美人過ぎるなんていう極端な表現をしないで、最初から**「美人過ぎない○○」**という**適度なタイトル**とともに紹介してあげればいいのになあと私はその雑誌を見ながら思いました。まあでも、**美人過ぎない人だったらわざわざ紹介する意味も無いですけどね(涙)**。

さて、そんなくだらない話はさておいて、これだけ美人と不美人、イケメンと非イケメンに人生の幸せの差、下手したら命を助けてもらえるか否かすらかかっているわけですから、繰り返しになりますが私たちがなすべきことはとにかく外見をシンメトリーに近づけ、たとえ1歩ずつでも半歩ずつでも、這うようにしてまだ見ぬ理想郷である美人イケメンの世界に近づいていくことですね。

ところで、ここでもうひとつ興味深い実験があります。

それは、女性の胸に関する実験です。

これまたアメリカのある大学で、女子学生を使って男性ドライバーが運転する車のヒッチハイクを行うというテストを実施しました。その結果、普通にヒッチハイクを行った時と比べて、**胸を大きくするパッド**を入れてヒッチハイクにトライした場合、なんと**成功率が2倍に跳ね上がった**というのです。

うーん、我々男子と違って、女性は容姿で気を使うところが多くて本当に大変ですね。シンメトリーも大事、そしてウエストとヒップの比率も大事、さらに、胸の大きさも大事なのですから。

それにしてもこの実験結果は「ヒッチハイカーを乗せるかどうかを胸で判断している」というふうに男が非難されてしかるべき結果かもしれませんが、男としては、その被験者の男性運転手の気持ちはわからないでもないです。……というか、**わかる。わかるぞ。とてもよくわかるぞキミの気持ちが。**

だって、顔が綺麗かどうかはわりかし近くまで行かないとわからないけれども、**巨乳かどうかは時速100㎞で走っている車からでもわかっちゃいますからね。**巨乳ってすごいもんね。神々しいもんね。そりゃ仕方ないよね。

まあ正直なところ、男というのはとにかく女性の胸に目が無いものです。誰とは言えませんが私が一緒にネットラジオを行っている仲間には、あまりにも女性の胸が大好きで、ちょっとでも女性がすきを見せればすかさず揉もうとするために桃太郎さんならぬ**「揉み太郎さん」**

というあだ名がついている人物すらいます。

彼は普段は商社で課長を勤めているのですが、噂によると部下の女性を夜な夜な飲みに連れて行き、宴もたけなわになってくると飲みニケーションならぬ**「揉みニケーションだ！」**と叫んで胸を揉もうとするそうです。もはやセクハラを超えて完全に犯罪行為ですが、そこまで、「犯罪をも厭《いと》わないから揉みたい」と思わせてしまうくらい、女性の胸というのは底抜けに魅力的なものなのです。私は早く彼が警察に捕まることを祈っています。

……………さて、以上の点を踏まえると、ひきこもりから脱却し充実人生を目指す私が行うべきことは、引き続き「イケメンになる」ということではありますが、今回に限っては私のことは置いておいて、女性のみなさんが充実人生を目指す場合に行うことは、「胸を大きくする」ということも非常に重要なポイントになると思います。

なにしろヒッチハイク実験で胸の大きさにより2倍もの成功率の差があったわけですから、たとえば東京から九州を目指してヒッチハイクをした場合、Gカップの女性が博多に着いた時にAカップの女性はまだ杉並区からも出られないというような状況が発生しかねないということです。本当に、胸の大きさというのは大切なことなのですね。

とはいえ、別にこれは難しい話ではなく、ヒッチハイク実験でも**男なんてニセオッパイでもコロッとだませる**ということがわかっているわけですから、簡単なことですよね。今時、胸を実際より大きく見せることくらい女性には造作もないことでしょうから。

別の章でも書きましたが、**はっきり言って男なんてバカなんです（少なくとも私はバカです）。**ですからヒッチハイクだけでなく、商談やデートの誘いなどあらゆる交渉の場面で胸の増幅というのはてきめんに効果を発揮することでしょう。

女性のみなさん、増幅したバストを強力な武器として、どんどん私のようなバカな男をだましてやってください。

大きい胸を見ると、無条件にココロはときめく。

14 ハロー効果

こんな実験があったそうです。

実験を行う側が魅力的な女性と魅力的ではない女性を1人ずつ用意し、それぞれに、被験者である男性を説得させるという試みを行いました。

するとその実験結果としては、当然とも思えますが魅力的な女性に説得された方が、男性は心を動かされやすいという結果になったそうです。

この実験の内容を聞いて、私は思いました。魅力的な女性はいいとして、実験者サイドに**「魅力的ではない女性」として用意された女性があまりにもかわいそう過ぎると。**

いったい実験者はなにを基準にして魅力的ではない女性を選んだのでしょうか。**「キミは魅力的じゃない方だからね」**と言われて実験に参加させられたその女性の絶望的な心理を想像すると、私は頬を伝う涙を止めることができません(号泣)。

それはそうと、今まで何度も同様の実験を紹介してきたように、美人やイケメンは人生のあらゆるシーンで、テロリストに捕縛されているシーンですら、一般人より有利に状況を進められることがわかっています。

ところで、当たり前なことですが、ある人物が美人だからといって、必ずしもその人が性格まで良いとは限りません。ところが一般的には、美人やイケメンは、**外見が美しいがために内面までが同じように美しいと判断される傾向がある**のです。

これはもちろん偏見、心理学的に表現すると「バイアス」と言いますが、外見が美しい人物はそれだけで「内面も美しい人なんだろうな」「心も優しいんだろうな」「顔立ちと同じで仕事もシャープにこなすんだろうな」というように中身まで優れた人物として評価されるのです。もうほんと、とにかく美人はとことん勝ち組であり、イケメンはとことん人生の勝者であるということですね。**きい〜〜〜〜〜っ(涙)!!**(※ハンカチを食い千切らんばかりに噛み締めて悔しがっている)

しかし、バイアスがかかるのは、外見が良い人物だけではありません。

最初の実験でも語られている「魅力的」という表現ですが、まず美人やイケメンが魅力的に見えるのは当たり前として、他にも、たとえば高学歴であるとか、由緒ある家系であるとか、社会的地位の高いとされている職業たとえばお医者さんや弁護士さんであるとか、**なにかひとつ傑出した特徴がある人物は、同じように「性格も良さそうだし仕事もできそうだ」など**

と他の部分まで優れているように思われがちなのです。

このような傾向を、**「ハロー効果」**と呼びます。

ハローというのは後光のことで、後光というのはよく仏像や聖者の肖像画などで背後から円状に放射されている光のことです。つまり美人であるとか高学歴であるとか、ひとつの突出した特徴が後光のようにその人物を包み込み、その人物全体のイメージを押し上げるという効果がハロー効果なのです。

ハロー効果は人だけでなく物にも適用されるもので、たとえば化粧品などは、テレビのCMで美人女優さんを起用することによって、その女優さんの後光で商品のイメージを上げています。極端な例を挙げると、「深田恭子ちゃんがイメージキャラクターをしている化粧品なんだから、この化粧品さえ使えば**私も恭子ちゃんみたいになれるかもしれない！**」と消費者に思わせてしまうのです。

もちろんその商品を一般の方が使ったところで深田恭子ちゃんには絶対になれませんが、ともかく人々にそのようなうっすらとした期待をも持たせてしまうのが、ハロー効果のすごいところです。

なお、水戸黄門の一行が**「この紋所が目に入らぬか！」**と印籠を出すシーン、あれもハロー効果が発揮されている典型的な場面です。黄門様が本当に偉い人格者であるかはさておいて、印籠という後光があるために、その後光で黄門様助さん格さんうっかり八兵衛までが一様に輝いて見え、悪人どもは思わず「ははーっ！」とひれ伏してしまうのです。

しかし考えてみれば、あんな証拠能力に乏しい印籠ひとつに動揺してはははーっとなってしまう悪人どもも、悪人のくせに情けないものですよね。あんなのいくらでも偽造できるでしょうし、それなら悪人の側だって同じ印籠を作って見せつけてやればいいと思うのです。格さんが「この紋所が目に入らぬか！　頭が高い、控えおろう！」と叫んだところで、こちらも張り合って印籠を出して**「そっちこそこの紋所が目に入らぬか！　おまえらこそ控えおろう！」**と言ってやればいいではありませんか。ついでに悪人側は人数も多いことですし、その直後にさらに隣の悪人が肩をはだけて、**「おうおう！　この見事に咲いた遠山桜も、見覚えがねえとは言わせねえぜ!!」**とあらかじめ彫っておいた**ニセ桜吹雪の入れ墨**を見せ、さらにその隣の悪人が自信満々に**「うつけ者！　余の顔見忘れたか!!」**と**暴れん坊将軍風**に我こそが将軍だと名乗り出れば、結局どれも確固とした証拠能力は無いことですし**もういったい誰が本当に偉いのやらわけがわからなくなって悪事はうやむやになる**と思うのです。これを読んでいる越後屋や大黒屋のみなさん、今度黄門一行に出会ったらぜひ試されてみてはどうでしょうか。

まあそんなつまらない話は置いておきまして、私に関して言えばハロー効果を発揮できる、自分を引き立たせる印籠のようなものはなにも持っていないのですが、ただし、よく考えてみればそもそも**本当に凄い人には肩書などいらない**のだとも思います。

たとえばイチロー選手のことを紹介する時に、「この方は野球選手であり大リーグでも数々の記録を打ち立てた名選手、イチローさんです！」という説明は必要無いですよね。イチローさんを紹介する時には、「イチローさんです！」だけでいいのです。彼ほどの人物になれば、なんの肩書も後光も必要無いでしょうから。

これがもし、誰かが**私のことを**紹介するとなったらこれはどうでしょう。おそらく「この人は旅行記や小説や科学の本などを雑多に出版している作家で、最近ではネットラジオやツイッターやブログやアメーバピグなどネット上の活動もがんばっている、ゲームも大好きさくら剛さんです！」と、**無理矢理の苦しい肩書をいくつもつけなければ、私が何者であるかはみんなに伝わらないでしょう。それが小物というものです（涙）。**

要するに、ひきこもりから脱却し充実人生を目指す私が考えるべきことは、「肩書や後光なんかに頼る人間にならない」ということだと思います。

もちろん、まずはなにかひとつ目立つ能力や長所を身につけてハロー効果を手に入れることは大事だと思います。しかし最終的には、「自分」ということ自体が後光になるように、肩書になど頼らずとも存在感を発揮できるような、そんな人間になりたいものです。

一点が輝いていると、ココロの目には全体が輝いて見える。

15 ゲイン・ロス効果

ハロー効果では、「美人」「イケメン」「高学歴」などなにかひとつの際だった良い特徴によって、その人全体の印象が良くなるという現象が起こりました。ところが実は、後の行動によってはその印象がコロッと逆転してしまうこともあります。

こんな実験が行われました。

被験者に、実験者の用意した人物と一定回数面会をさせます。その際、実験者側の人物は、被験者に対して面と向かって相手を評価するコメントを述べます。そして、どのように評価するかという内容を被験者ごとに変えていきます。

その評価には4つのパターンがあり、まず1つ目のパターンは、すべての面会で被験者のことを良く評価する。2つ目は、すべての面会で被験者のことを悪く評価する。3つ目は、最初は被験者のことを良く評価するが、面会を重ねるごとに悪い評価に移行する。そして4

つ目のパターンは、最初は悪く評価するが、面会を重ねるごとに良い評価に移行する。

この4つのパターンで実験を行った結果、被験者の感情として、評価者に対する印象が最も良かったのは、4つ目の「最初は悪く評価するが、面会を重ねるごとに良い評価に移行する」というパターンでした。逆に最も印象が悪かったのは3つ目、「最初は良く評価するが、徐々に悪い評価に移行する」というパターンでした。

ポイントは、一貫して被験者を悪く評価するよりも、**最初に褒めておいて後から悪く評価するという方が印象が悪くなった**という点です。要するに、持ち上げて落とすのが最も相手にダメージを与えるということですね。

ドリフのコントで、誰かが階段を上っていると途中でいきなり階段が滑り台のようにツルツルになり、上っていた人がそのまま下まで落ちて来るという仕掛けがありました。これが階段を2段か3段上ったくらいで滑り台になってもたいしてダメージはありませんが、たとえば加藤茶さんが**金比羅山の1300段ほどの階段**を上り、それを**上りきった瞬間にいきなり滑り台になり落下したら**それはもう大変なことになるでしょう。カトちゃんももう70歳を超えていることを考えると、これは骨折だけでは済まされない、落命の恐れすらある事象だと思われます。

この時の階段＝良い評価、滑り台＝悪い評価だと考えていただければ、最初の評価が高ければ高いほど、その後に悪い評価に変わった時のダメージが大きいということがわかっていただけるでしょう。

これはそのまま現実の人物に対する印象にもつながり、たとえば美人orイケメンor高学歴の人物などがハロー効果により最初に良い印象を周りに与えておいて、のちのち様子を見てみると実は彼もしくは彼女が全然仕事ができなかったり性格が悪かったりといった場合は、**最初の印象が良い分、周囲の人間としては期待を裏切られたガッカリ感、滑り台感がずっと増す**ことになります。

このように最初のプラスのせいでマイナスの振れ幅が大きくなることを**「ロス効果」**と呼びますが、このロス効果があることを考えると、「美人は得である」「イケメンは得である」と一概には言い切れないという気もしてきますね。なにしろ美人であればあるほど、イケメンであればあるほど、ロス効果も大きくなってしまうのですから。

ではそれとは逆に、むしろ**最初の印象が悪かった場合**はどうなるのでしょうか？

……そうです。冒頭の実験結果からわかるように、その場合はロス効果とはまったく逆で、最初にイメージが悪かった人間が後から良いことをした場合、その人物の評価は一気に上昇するのです。これを、**「ゲイン効果」**と呼びます。

最初から一貫して良いイメージがある人よりも、もともと悪い印象だった人物が突然良い行いをした場合、我々はハッと心をとらえられてしまうものです。

最近のライトノベルには、おそらくこのゲイン効果を利用しているであろうと思われるタイトルの作品がいくつもあります。たとえば、『誰もが恐れるあの委員長が、ぼくの専属メイドになるようです。』や、『完璧クールな生徒会長はデレるとエロい俺の姉』。※実在する作品です。

どうですか。生徒会長や委員長という一見固くて冷静で完璧クールで誰もが恐れる立場にいる女子が、その第一印象に反して**デレるとエロくてぼくの姉や専属メイドになってしまう**という、このマイナスからプラスへの転向、いや、**ツンツンからのデレデレ。このツンデレこそが、男心を最強に刺激し興奮させるのです。**

これがもし、マイナスである「ツンツン」の部分がまったく無く、最初から彼女たちがデレデレしているエロい専属メイドだったらどうでしょう？　そんなプラスばかりのシチュエーション、面白いと思いますか？　……………そうですよね。どう考えても、**それでも十分面白いし興奮しますよね。まったく一向に構わないですよねそれでも。**…………まあでも、たしかに最初からいきなりデレているよりも、完璧クールで誰もが恐れる委員長がいきなりデレるとエロくてぼくの専属メイドになってしまう方が、ゲイン効果のおかげでより興奮度MAX状態になり辛抱たまらんですけどね(涎《よだれ》)。

他にも、『俺がお嬢様学校に「庶民サンプル」として拉致られた件』とか、『恋人にしようと生徒会長そっくりの女の子を錬成してみたら、オレが下僕になっていました』などというタイトルのライトノベルがありますが、それらの作品もやはり同じように、えーと、なんというか……、**そのへんになるとちょっともう意味がわかりませんね。**

ともかく、マイナスしか生まないロス効果と比べ、ゲイン効果は人や物のイメージアップに多大な威力を発揮します。

先の項で述べた、時代劇でもそうですよ。

暴れん坊将軍などは、普段は町に出てぷらぷらと遊んでいるように見えるけど、だからこそ、実は正体は正義のお殿様・将軍吉宗だということがわかった時にすさまじいゲイン効果が発動し、周りの人間は思わず「ははーっ！」とひざまずいてしまうのです。

ちなみに、志村けんのバカ殿様も時に庶民に扮《ふん》してぷらぷらと遊んでいますが、彼の場合は正体を現して**殿様になってもやっぱりバカ**なので、残念ながらゲイン効果は発揮されません。周りの人間も**「やっぱりバカだったのね」**と思うだけで、これは冒頭の実験でいえば「最初から最後まで一貫して悪い評価である場合」に該当します。ああ気の毒なバカ殿様。

さて、以上の点を踏まえると、ひきこもりから脱却し充実人生を目指す私が行うべきことは、ハロー効果が望めない私のような非イケメンなおかつ学歴の低い人間は、**「ゲイン効果をいかに利用するかを考える」**ということですね。

むしろ、不美人や非イケメンで最初の印象が悪いのであれば、それはアドバンテージだとも考えられると思います。だってその方が、ちょっと良い仕事や優しいしぐさをすればゲイン効果により格段に印象が良くなるのですから。

この際ですからゲインの幅を最大にするために、最初の印象を意図的にもっともっと悪くしてやりたいところですが、ただ私の場合はすでに今現在の印象が悪すぎて、これ以上悪くすると**ゲインを見せる前に周囲の人々に関係を断たれる**可能性が高いので、あまり姑息《こそく》なことは考えないようにした方が良さそうです。

ココロは、減るものに失望し、増えるものを見直す。

16 確証バイアス

「スリーセット理論」というものがあります。

これは、人間は最初から数えて3回誰かに会うと、その相手のイメージをほぼ固定してしまうという現象、理論です。

前項ではゲイン効果やロス効果の効力について説明しましたが、そうはいってもなかなかどうして他人に対する印象を変えるというのは難しいものであり、よっぽど極端なゲインやロスが起こらなければ、大抵はその人の第一印象、正もしくは負のハロー効果によって形成されたイメージというのはその後も変わることがなく、3回も対面すればイメージは定着してしまいます。

3回の対面といっても、2度目と3度目の対面についてはほとんど第一印象の確認にすぎません。

そもそも同一人物なのですから、基本的には1度目と2度目と3度目に会った時にそれぞれ違う行動を取るということはあまり無いのですが、実は、仮に相手が2度目3度目に多少印象の異なる行動を取ったとしても、一番初めに受けた「綺麗な人」「優しそうな人」「ずる賢そうな人」といった全体のイメージはあまり変わることはないのです。ほとんどの場合、2度目3度目の対面、確認作業を経て、「やっぱりこの人は綺麗だなあ」「やっぱりこの人はずる賢い人なんだなあ」という最初の印象への確信を持つことになります。

このように、基本的に人は1度目に受けた印象が2回目3回目でころころと変わることは無く、逆に第一印象が増幅、固定化されていく方が多いのですが、それは我々が**「確証バイアス（『仮説検証バイアス』とも言います）」**というものを持っているからです。

確証バイアスというのは、自分の持ったイメージや自分の意見の正しさを証明する情報ばかり集め、反対の側の考え方や情報は無視することによって自分が正しいと決めつける偏見のことです。

人は誰しも、「自分こそが正しい人間である」と思いたい生き物です。

だからたとえば第一印象で「ずる賢そうな人」という印象を他者に対して持ったとしたら、その人物が仮に自分の仕事を手伝ってくれたような場合でも、「この人はずる賢いから、こうやって人を助けてイメージアップを狙ってるんだな?」と、**あくまで第一印象から外れない考え方をしてしまう**のです。

さすがにその人が誰も見ていない(と思いきやたまたま自分がこっそり見ていた)ような雨の路地裏で子猫に傘を差し掛けつつエサをあげていたら、ゲイン効果によりイメージは跳ね上がりますが、そのようなよっぽどのことが無い限りは、人は自分のもともと持っている印象や意見に固執してしまうのです。

いきなり違うジャンルの話になりますが、ここ何年かで、日本人の中では原子力発電所に対する注目度が非常に高くなっており、その存在そのものが議論の的になっています。今では日本国民は「反原発派」と「原発推進派」に分かれ、対面にしろネット上にしろさまざまな場で論争が起こっています。

なぜいきなり原発の話題を出したかというと、実はここにも確証バイアスが幅を利かせているからです。

専門家ではなく、一般のいわゆる素人の人々(もちろん私も素人ですが)が議論を交わしているところを拝見していますと、みなさん決して感情論だけでなくそれなりに根拠を示しつつ意見を述べてらっしゃるのですが、反対、推進、どちらの意見にせよ、ほとんどの方が**自分のスタンスを補完する情報にしか目を向けていない**のです。

「ほら、この専門家がこう言っているじゃないか。このサイトにこういうデータが載っているじゃないか。だから自分は原発に反対(賛成)なんだ」と主張する時、たしかにその専門家やデータは自分の主張を後押しする情報を与えてくれているかもしれませんが、必ず、同じ専門家という立場でもそれと逆の意見を述べている人もいます。別の角度の結果を示すデータも必ずあります。必ずです。しかしほとんどの人は、自分の立場と敵対する意見や情報は無視したり、見て見ぬフリをします。その結果、お互い異なる情報や根拠を元に「ほら見ろ、こんな情報があるんだから俺の意見の方が正しいだろう！」とやるものですから、論争は平行線のままで永久に勝負はつきません。

結局のところ、人が信じるものというのは、「正しいもの」ではないのです。人は正しいものではなく、「自分が信じたいもの」を信じるのです。

ですが、どうでしょう。自分の正しさをアピールするために、片側の情報にしか目を向けないというのは、自分の視野を狭くすることにつながってしまわないでしょうか？

再び人への印象という点に話を戻しますと、最初に抱いたイメージやある一面だけの情報を頼りにその人物を判断してしまうのは、まさにバイアスすなわち偏見であり、後の人間関係のために決してプラスになることではないですよね。

私も、今現在苦手としている人やあまり良くないイメージを持っている人に対して、一度固定された印象を解き放って、偏見の無いゼロの視点からもう一回その人を眺めてみようと思います。ひょっとしたら、その人の印象がガラッと変わることもあるかもしれませんからね。

確証バイアスを持って人や物事に接してしまうという行為は、自分と違うタイプの人物と友人になる機会や、新たな情報、知識を得る機会を逃してしまう、もったいない行いだと思います。

偏見を捨てて、新鮮で広い視野を持つこと、それが明日からの人生を少し変えるためのヒケツなのかもしれません。

ココロは〝正しいもの〟を信じるのではなく、〝自分が信じたいもの〟を信じる。

4章 腰の重いココロ

17 アメとムチの法則

人のやる気を出させるには、「アメとムチ」という態度で接するのが効果的であると良く言われますね。

しかし、私は個人的に常々思っていました。この「アメとムチ」、**ご褒美と罰の重さがあまりにも釣り合っていない**と。

「アメとムチ」ですから、たとえば子供が悪いことをした時には、その子供を**ムチでしばく**ということですよね。ムチといえば、サーカスの猛獣使いや映画インディ・ジョーンズシリーズをご覧いただければわかる通り、時にライオンほどの百獣の王をも恐怖で支配し、時に**敵の刺客の首を絞めて殺してしまうほどの暴虐非道な武器**です。そのような恐ろしい武器で悪いことをした子供に罰を与えるというのですから、これはもう命に関わる戦慄《せんりつ》のおしおきです。

それに対し、片や子供が良いことをした時にには、**アメちゃん１個あげるだけ**です。なんですかそれは。たしかに、黒糖アメなどの甘いアメは疲れが取れますし、コーラ味のアメを舐めればシュワシュワと爽快な気分にもなるでしょうが、悪いことをした時には敵の刺客すら殺せるほどの暴虐非道なムチでしばかれることに対して、**どう見てもご褒美としてのバランスが取れていません。**

これでは、子供の側に立って考えれば、「アメとムチで育てられるくらいなら、**アメもムチもどっちもいらない！**」と考えるようになってしまうのではないでしょうか？

これは私の個人的な意見ではあったのですが、実は心理学を勉強していくうちに、なんと**実験に使われたマウスも同じようなことを考えている**ということがわかったのです。

その実験とは、このようなものです。

分かれ道で右の正しい道に進むとクッキーを、左の間違った道に進むと電気ショック（弱）を与えるような通路を作り、スタート地点にネズミをセットして自由に進ませます。

このネズミ、何度か実験を繰り返し「アメとムチ」ならぬ「クッキーと電気ショック（弱）」を味わうと、ちゃんと「なるほど、左に進むとビリビリしちゃうけど、右に進めばおいしいクッキーが食べられるのでチューね？」と学習して、常にクッキーのある右の道に進むようになります。

ところが、これを左の道に進んだ時に与える電気ショックの威力を大きく、電気ショック

(強)とすると、今度はネズミは学習するどころか**スタート地点から全く動かなくなってしまう**のです。「もうイヤでチュー!! 間違えた時にあんなに猛烈にビリンビリンするなら、もうクッキーなんていらないでチューよ(涙)!! いっそのこと、ずっとここでじっとしていた方がマシでチューよっっ(号泣)!!!」とネズミくんは考えてしまうのです。

つまり、ネズミでも人間でも、与えるアメとムチのバランスをしっかりと考えないと、相手を育てるどころかむしろ**何に対してもやる気を持たない、無気力な性格にさせてしまう**のです。

やっぱり、「アメ」と「ムチ」ではバランスが取れていないのですよ。せめて「アメとデコピン」とか、**「『イタリアからスイスへ~アルプスの大自然パノラマを巡る12日間の旅~』とムチ」**くらいの均等な賞罰のバランスにしないと、うまい効果は出ないと思います。

ところで、私は「アメとデコピン」と言いましたが、心理学者の植木理恵さんは、「アメとムチ」ならぬ**「アメと無視」**が有効的であるとおっしゃっています。良いことをした時には相手を褒め、悪いことをした時には叱るのではなく、**無視をする**のが良いそうです。

たしかに、人を叱るという行為はよっぽど上手にやらなければ相手の心理的リアクタンスを刺激してしまい、逆に反発心を招いてしまいます。それならば、片や褒める、片や無視をする、という対応が最も有効的な人の育て方であるのかもしれません。

ちなみに罰であるムチや無視に対して褒める方の「アメ」ですが、そのアメの与え方は2

通りあり、ひとつはとにかく良いことをしたら必ず褒める**「連続強化」**、そしてもうひとつは**基本的には褒めるけど何度かに一度は放っておく「間欠強化」**という方法に分かれます。

そして、他人に対してこちらの意図する行動を継続して行わせたい場合、「アメとムチ」が最も効果を発揮するのは**間欠強化の方**ということなのです。

連続強化つまり自分の良い行動に対して必ずリアクションが返ってくる場合は人はそれに慣れてしまいますが、間欠強化でたまに返事が無いという場合の方が、人は「あれっ、どうしたんだろう？　まだがんばりが足りなかったのかな？」と意外性や不安感を刺激されて、より奮起するようになるようです。

この心理は私にもよくわかります。

たとえば、お気に入りの女の子と仲良くなろうとして毎日しつこくメールを送っている時に、毎回返事が来てしまうとそれが当たり前になり、いつしか喜びも薄れてしまいます。それが、いつも返事が来ていたところである時突然連絡が途絶えると、「あれっ！　どうしたんだろう返事が来ない。もしかしてゆかりちゃん、俺のこと嫌いになっちゃったのかな……。それとも体調でも崩しちゃったんだろうか。でも、急に無視するなんてひどいじゃないか。いくら体調が悪くてもメールの返信くらいできるだろ！　人のメールにはちゃんと返事をするのがマナーじゃないかよ！　あんたはそんな常識もわきまえない礼儀知らずな女だったのかよ‼　ああそうかい！　わかったよ！　もう許せん‼　もう、おまえのことなんて大嫌いだっ!!　おまえのことなんてなあ、おまえのような失礼なやつのことなんてなあ!!
……………**大好きだ〜〜〜返事ちょうだいよぉぉ〜〜(涙)**」というように、心配と怒りと不安と悩みといろんな感情が葛藤を繰り広げた結果、**最終的に「好きだーー(涙)」という気持ちが倍増するのです。**

さらに、それでもしつこくメールを送り続けて、数日の後に久しぶりに普通に返事が来た時の感動は、言葉で表せないほど爆発的なものがありました。もう彼女のためならなんでもする。輸血もするし燃えさかる建物にも飛び込むし、テロリストに捕まっていたら自分の命を盾にしても守ってあげる。そんな気分にまでさせられました。

そのようにして、私はゆかりちゃんの虜になったのでした……。ふっ……、もう昔の話ですよ……。

さて、以上の点を踏まえると、ひきこもりから脱却し充実人生を目指す私にとって大事なことは、**「自分や他人に対するアメとムチのバランスをよく考える」**ということだと思います。

自分自身に対してもそうですし、誰かを教育しようとする時でもそうですが、ただ良いことをしたら褒める、悪いことをしたら罰を与えるというだけではなく、褒めると罰を与えるのバランスをしっかりと見極めて設定することが非常に大事なことだと思います。

ただ、なにを喜び何を嫌うかは個人個人で異なるのでややこしいんですけどね。たとえば世の中には**「ほら四つん這いになりな!!　早く!」ビシィッ!!　「アタシの足を舐めるんだ**

よ!!」ビシィッ!!　「誰が声出していいって言ったんだよ！　アタシの言うことが聞けないのかいっ!!」ビシィッ!!　というような**激しいムチの洗礼**を受けても、嫌がるどころか逆に**全身をわななかせて喜んでしまう**ような男の人もたまにおり、その場合**ムチなのにアメになってしまう**という複雑な展開となるため、なかなかひとことにバランスを取ると言っても難しい話ではございますね。

「いつも」より「たまに」褒められた方が、ココロは喜ぶ。

18 段階的目標設定

「男なら志は高く持て！」とはよく言われますが、否、言われるかどうかは別としてそんな言葉はよく聞きますが、実は、その志を本当に遂げたかったら、**少し低い志を設定した方が達成の確率は高くなります。**

まあそれは当たり前というか、もちろん誰でも達成できるようなレベルにまで低くしすぎても意味がありませんが、人は、目標が**達成できるかできないかの境目の難易度**の場合、別の言い方では**努力すればなんとか届きそうな目標の場合**に、もっともやる気を出します。

心理学者のアトキンソンが行ったこんな実験があります。

被験者として小学生を何人か集め、輪投げをさせました。その時、目標となる棒からの距離は小学生に自由に選ばせたのですが、そりゃどう考えても入るだろうという近い距離や、こりゃいくらなんでも入るわけがねえよという遠い距離から挑戦する子供はほとんどおらず、その中間点、**だいたい2回に1回は成功しそうな感じがする**というまさに絶妙な距離からトライする子供が最も多かったのです。

この実験がまさに、人の「目標に対する距離」と「モチベーション(やる気)」の関係を表しています。

たとえば月給が30万円のサラリーマンの方が車を買おうとした場合に、中古車屋で投げ売りされている1台3万円の軽自動車にはあまり興味を示さないと思います。なぜなら、簡単に手に入りすぎるからです。反対に、**1台1億5千万円のフェラーリ**、こちらにはたとえ興味を示すことはあっても、買おうと考えることはほとんど無いでしょう。もちろん、途方もなく遠い存在だからです。

しかし、これがたまたま気に入った物が100万円から200万円くらいのコンパクトカーやセダン型車だったら、がぜん購入のために貯金をしようと張り切る気も起きるのではないでしょうか。もちろんそれは、**多少頑張れば手に入りそうな距離の目標**だからです。

これは相手が人間の場合、恋愛においても同じです。

男性が女性を落とそうとする場合(逆も同じですが)、多くの人は自分と比べてあまりにレベルが高い相手を狙おうとはしません。「どうせ自分には無理だろう」と思い込み、最初から諦めてしまうためです。

それがたとえば、通っている夜のお店のホステスさんが今はまだ客と店員の立場だけど毎日メールもくれるし同伴出勤もしてくれるし腕を組んできたり態度も積極的だし、これは**もうちょっとだけお金を使えば落とせそうだ**という絶妙な距離にいる場合、男は猛烈に意欲を燃やします。彼女を落とすために毎晩のようにお店に通い詰めて「もうちょっとで落とせるもうちょっとで落とせる」と努力してお金を使い、しかし気付いた時には**下手したらフェラーリが買えるくらいの金額は投入したけどまだ彼女は依然「もうちょっとだけお金を使えば落とせそうな距離」にいる**という、やり手ホステスによる不思議なイリュージョンが繰り広げられることもあります。

そうしてとある男性は会社の金を14億円ほど横領して人生を転げ落ち、やり手ホステスのアニータさんはチリに帰国して貢がせた資金で豪邸を建てたという事件が昔ありましたね。うーむ……女性というのは、時として国籍を問わず実に残酷な存在ですね、ほんと(憎)。

ただ、この「目標までの距離」ですが、これが自分のレベルというものをまだ理解していない、たとえば子供や学生であれば、身の程を知らずに高い目標設定を行ってしまうこともあります。「自分に手に入らないものは無い！」という若さというか無謀な勘違いによって、10代前半の男子や女子は決して手の届かない芸能人やアイドルに本気で恋をするということもあるのです。

そう考えると、とっくに30代になっているのにまだ毎日まゆゆだゆきりんだと騒いでいる私は、言ってみれば**10代前半の少年の心をいまだに忘れていない貴重な存在**だということになりますね。

素晴らしいではありませんか。この年にして、まだ純真な10代の少年の目の輝きを持つ私。こんな若くすがすがしい私が世の女性にモテないという事実が実に不可解でなりません。どうして世の中の女性はそんなに見る目が無いのでしょうか？　なぜですか？　いや、むしろ女性に見る目があるからこそ私はモテないのでしょうか？　**なめんなよっっ!!!**

でも、ちょっと待ってください。たしかに恋愛についても「手の届きそうで届かない絶妙な距離」の異性を目標にした方がやる気が出るとは思いますが、しかし輪投げの実験のことを考えてください。

私のような少年がアイドルを本気で好きになるのは、輪投げで言えば「こりゃ入るわけなかろう」という距離から標的を狙うような無謀な行為です。でも、**たとえ100m先からの輪投げだとしても、奇跡的に的を捉えるということが無いとは言い切れないですよね？**　限りなく0％に近い可能性の距離だとしても、何度も何度もチャレンジすれば、絶対に永久に断じて一度も入らないなんてことは断言できないんじゃないですか、そうじゃないですか

エーコラッ（蝶野風）!!

少なくとも、**かくし芸大会全盛期の堺マチャアキならそのくらいの奇跡は起こすことができたと思います。**それならば、私にだってまゆゆやゆきりんという遠い標的に手が届く可能性が無いとは言い切れないじゃないですか！　**私にだって恋愛界のマチャアキを目指す資格**

はあるでしょう!! 誰にだってあるでしょうマチャアキを目指す権利は平等にっ!!

………えーさて、そんな次元の低い話はともかく、なにか目標を定めてそこに向かって努力する場合、ここでも大事なのはバランスです。

目標や志があまりにも遠い場合、人は努力しようとする意欲を失ってしまいます。そこをうまくバランスを取って、**頑張れば手の届きそうなところ**に目標を設定するのが重要なことなのです。

そして、ひとつ目標を達成したら、今度はもう少し遠いところに目標を置いてそこに向かって努力する。それを繰り返していくうちに、いつしか最初の自分では到底無理だと思った目標にだって手が届くようになっているかもしれません。

さて、以上の点を踏まえると、ひきこもりから脱却し充実人生を目指す私が行うべきことは、大きな目標を立てるだけでなく、**細かく刻んだ目標も設定し、段階的にひとつひとつ達成していく**ということではないでしょうか。

イチロー選手の名言に、「小さなことを積み重ねることが、とんでもないところに行くただひとつの道だ」というものがあります。

これほど説得力のある言葉は無いと私は思います。

友達を100人作る。貯金を1000万円ためる。そんな大きな目標を掲げたとしても、まず目指すのは1人の友達。まず目指すのは1万円の貯金。そうやって少しずつ小さな段階的目標を達成していけば、私もやがて気付いた時には以前は想像もできなかった場所までたどり着けるのかもしれません。

「もうちょっとだけ」で手が届くなら、ココロはいくらでもがんばれる。

19 場の理論

信じていただけないかもしれませんが、実は私は大学時代に体育会の**少林寺拳法部**に所属しており、4年生になった頃には「道場長」という役職も賜って、それはそれは厳しい鬼のような幹部学生として後輩に恐れられていました。**気合い入れろオラッッ!!**

体育会の部活では、4年生といえば鬼でもありますし、また同時に神のような存在でもあります。2つ足して**鬼神**ですね。当時の私は丸坊主で引き締まった体で少林寺拳法部幹部としての風格も漂い、後輩は私という鬼を見かけると遠くからでも**「ちわっ!!!」**と全力であいさつをし、駆け寄って来て**「さくら先輩、お荷物お持ちします!!」**と丁重に私のカバンを運んだものです。

そんな威厳のある道場長であり幹部学生、神であった私ですが、大学生活を終えるやいなやフリーターとして職を転々とし、バイト以外の時間はとことん部屋に引きこもってテレビゲーム、インターネットに励む鬼神になりました。

やがて、私という鬼神は**「ひきこもり作家」**としてデビューして、旅行記を始めとした書籍を書くようになったのです。

原稿の中での私は常に友達のいないひきこもりキャラクターであり、旅行中にあまりにも頻繁に下痢になるものですから**「腹痛マスター」**や**「下痢ソムリエ」**という輝かしい称号も自分で自分に供与しました。

おかしなものですね。ほんの数年前には鬼として恐れられていた私が、本の中で「自分はひきこもりである」「腹痛マスターである」という設定を作ってしまったら、……作ってしまったらというか**秘していた事実を明らかにしただけではありますが（涙）**、その設定を自分で強調することによって無意識のうちに今まで以上にどんどんどんどん部屋から出ることが少なくなり、おなかの調子の方もますます下り坂、たまに外に出て書店を訪れたり電車で長距離移動をするとまず間違いなく腹痛&下痢になるという、名実ともに**正真正銘のひきこもり腹痛マスター**ができあがってしまったのです。

こんな堕ちた鬼神である私の姿を、本では**ウンコ漏らした話とかグラビアアイドルの画像を2000枚以上集めている話とか書いている鬼神の姿**を大学の後輩が見たら、きっと情けなくて涙を流すことでしょう。……いや、そもそも後輩はこんなだらしない長髪で腹の出た貧弱なひきこもりの姿を見て、**誰もかつての鬼神だとは気付かないことでしょう。**……むしろよかった。それでいいんだよみんな。バイバイ。僕のことは永久に忘れてね（号泣）。

さて、私が大学卒業後このようにあれよあれよと軟弱な、鬼神というより死人のような人間に変わっていってしまったのは、私のいる**ポジション（立場）が変わったため**です。

ある時は少林寺拳法部の神という立場のために神であるような振る舞いをする。ある時はキモオタの下痢ソムリエという立場のためにキモオタの下痢ソムリエであるような振る舞いをする。いずれも最初こそ多少の演技は入っていたかもしれませんが、無意識に私は「自分が○○である」というポジションを自覚し、いつしか演技の部分は排除され心も体もそのポジションに応じた振る舞いをするようになったのです。まあ、**「下痢ソムリエ」というポジションの意味**は自分でもよくわかりませんが……。

このポジションのことをアメリカの心理学者レヴィンは「場」と表現し、**人は意識的にせよ無意識的にせよ、現在置かれている場にふさわしい行動を取るようになる**という法則、これを**「場の理論」**と名付けました。

この場の理論を裏付ける「刑務所実験」という実験があります。

アメリカで行われた実験で、まず21人の健康な学生を「看守役」と「囚人役」に分けます。その上で刑務所を想定した建物の中で共同生活を送らせたのですが、実験開始後すぐに、看守役になった学生は囚人役の学生に対して権力を誇示し攻撃的になり、侮辱する言葉を投げつけるようになりました。

サンクチュアリ出版＝本を読まない人のための出版社

はじめまして。
サンクチュアリ出版 広報部の岩田です。
「本を読まない人のための出版社」…って、なんだソレ！って
思いました？ ありがとうございます。
今から少しだけ自己紹介をさせて下さい。

今、本屋さんに行かない人たちが増えています。
ゲームにアニメ、LINEにfacebook…。
本屋さんに行かなくても、楽しめることはいっぱいあります。
でも、私たちは
「本には人生を変えてしまうほどのすごい力がある。」
そう信じています。

ふと立ち寄った本屋さんで運命の1冊に出会ってしまった時。
衝撃だとか感動だとか、そんな言葉じゃとても表現しきれない程、泣き出しそうな、叫び出しそうな、とんでもない喜びがあります。

この感覚を、ふだん本を読まない人にも
読む楽しさを忘れちゃった人にもいっぱい
味わって欲しい。
だから、私たちは他の出版社がやらない
自分たちだけのやり方で、時間と手間と
愛情をたくさん掛けながら、本を読む
ことの楽しさを伝えていけたらいいなと思っています。

逆に囚人の側はトラブルを避けるためにその侮辱に対してもただ従順に耐えるだけで、時がたつにつれ囚人役の学生は心身の不調を訴えるようになり、中にはうつ状態になる者まで現れたため実験は数日で打ち切りになったということです。

「立場が人を作る」ということはよく言われますが、それはまさにこの刑務所実験でも証明されたのです。

タレントのタモリさんは、こんなことを言ったそうです。『自分にこれくらいの力がついたらこれくらいの仕事をしよう』と思っても、その仕事は来ない。必ず実力よりも高めの仕事が来る。でもそれはチャンスだから、怯《ひる》んじゃだめ」。

これほど説得力のある言葉は無いと私は思います。

たとえば職場での昇進や栄転やチャレンジングな業務の話、それを「もうちょっと自分に力がついたら受けよう」と思って躊躇《ちゅうちょ》していたら、そのポジションには他の誰かがつき、もう永遠に自分にチャンスはまわって来ないかもしれません。

しかしそこで少し勇気を出して一歩踏み出し、その役目を受けてしまえば、その立場こそが自分をその立場にふさわしい人間に成長させてくれるものです。父親は父親らしく成長するものですし、母親は母親らしく成長するものですし、アイドルはアイドルらしく成長するものですし、悪人は悪人らしく成長するものです。

……まあ成長成長と言っていますが、もちろん先の**堕ちた鬼神の例**を見ればわかるように、場の理論は良い方向にだけ働くものではありません。私のように**自分をダメ人間だとかろくでなしだとか変態だとかいうポジションに置かなければならない職業**の場合は、いつの間にやら本当にそのポジション通りのろくでなしな人間になってしまうので、みなさんもその点「マイナスの場の理論」にハマらないように気をつけてくださいね。**っていうかそんな惨めな職業の人間は世界にも私以外ほとんどいないと思いますけどね(号泣)。**

まあしかしたとえば立派なサラリーマンとして寝る間も惜しんでバリバリ働いていたような人が、いきなりリストラされて無職になってしまったような場合はこれもまたマイナスの場の理論が働き、2、3カ月もたてば1日の睡眠時間は15時間、働く意欲はまったく無いしできれば一生失業保険で暮らしていきたい、保険が切れたらなんとか生活保護に頼るかヒモにでもなれないかなあと考える**心身ともに最低な、立派なニートができあがる**ということも十分考えられますので、自分をどのようなポジションに置くかというのはよく考えなければいけないことです。

さて、以上の点を踏まえると、ひきこもりから脱却し充実人生を目指す私が行うべきことは、**今までとは少し違うポジションに自分を置いてみる**ということでしょうか。

たとえばオフ会や地域のイベントに参加してみたり、原稿の中ではあえていつもと違うキャラクターを演じてみたり……。

自分が慣れ親しんだ日常のポジションから抜け出すことは勇気がいりますが、なにしろ場の理論の効果を発揮させるためには、自らを普段とは異なる場に置いてみなければいけないのです。

私も今までとほんの少しだけ自分のポジションを変えてみたら、しばらく後にはその立場に順応した、今までとほんの少しだけ違う私になれるのかもしれません。

ココロは立場に、自分のキャラを合わせる。

20 外発的モチベーションと内発的モチベーション

そもそも人間の「やる気」には、2つの種類があります。

それが「外発的モチベーション」と「内発的モチベーション」です。

外発的モチベーションというのは、「これができたら褒めてもらえる」「これをやればお金がもらえる」「禁煙しなきゃ女房に刺し殺される」など、外部からの評価や報酬や脅迫のために発揮されるやる気です。

それに対し、「やりたいからやる!」「好きだからやる!!」「いつやるの? 今でっしゃろ!!」と、まさに自らの内側からわき出るような、興味や好奇心や楽しさを理由とする活き活きとしたやる気、これが内発的モチベーションです。

この2つのうち、物事に集中し良い結果や成績を収めることができるのは、断然内発的モチベーションの方です。

とりわけ、子供の頃を思い出すとその違いが懐かしく理解できるのではないでしょうか。たとえば私の場合で言えば、学生時代、化学の時間に元素の周期表を覚えるのにいったいどれほど難儀し、時間を取られたことか。

元素の周期表を覚えるのに難儀したのは、私が元素の周期表に興味など無かったから、つまり「これを覚えないとテストで点が取れない」「点が取れなかったらママに叱られる」という完全なる外発的モチベーションによる勉強だったからです。それでは当然集中力も出ませんし、覚えるのに難儀しただけでなくテストが終わったら一瞬にして忘れ去り、今となって記憶に残っているのはもはや**1番目が水素（H）だったことくらい**です。「1番エッチな水素ちゃん」と覚えました。

元素の周期表の暗記にそれだけ苦労した一方で、同じ学生時代にプレイしていた**ドラゴンクエストの呪文**、そのすべての呪文と効力を記憶するのに、**どれだけ超スピードの短期間で済んだことか。**ホイミやメラ・ギラなどというゲーム内で使う呪文だけでなく、「勇者つよし」の最強レベル状態を記録した**「かきれてぬのしろててにのふじがこすたごぎ」**という**復活の呪文まで**、あれから20年近くたった今でも完璧に覚えています。すごいでしょう内発的モチベーションの力。そして、「復活の呪文」と言っても**若い人たちにはなんのことやらわからないでしょう。**

日本史の授業でも同じでした。二・二六事件や五・一五事件など、誰が誰になにをした事件か今やすっかり記憶から抜け落ちているのに、一方で**新日本プロレス史**となると、１９８４年の二・三事件では「テロリスト」藤原喜明が入場中の長州力を襲撃し血祭りにあげ、１９９９年の一・四事変では「暴走王」小川直也がアントニオ猪木の差し金により橋本真也にガチンコを仕掛けＫＯしたという、**何日に誰が誰になにをしたということを今でもしっかり覚えています。**

これらの違いはすべて、「イヤイヤ勉強させられた」外発的モチベーションによるものか、「自分が好きで覚えた」という内発的モチベーションによるものか、その差によるものに間違いありません。

もちろん世の中には、好きで元素周期表や日本史の年号を覚える子供もいるでしょう。しかしほとんどの子供にとって学校の勉強というのは強制されるものであって、すなわち心理的リアクタンスにより勉強を嫌いになる子供の方が圧倒的に多いのが現状なのです。

この内発的と外発的のモチベーションの差は子供にだけ起こる話でなく、当然大人になっても同じように現れます。

またも私事で恐縮ですが、現在立派な大人となった私も、仕事のための取材や勉強などは常に集中力が欠けてまったくはかどらないのに、合間に見ている**エッチなＤＶＤの女優さんの名前**はどれほどのスピードで覚えていることか。女優さんの名前だけでなく、「ええとこの女優さんの作品は『出張、全裸家政婦。』と『その娘、爆乳につき』は見たけど『湯け

むり美人女将　癒《いや》らしの温泉宿』はまだ借りてないよなあ」などと、**どの作品をレンタル済みでどの作品をまだ試していないのか**、そのタイトルまですさまじい集中力を発揮してほとんど覚えているという、この強烈な内発的モチベーションの威力というかなんというか、……………。**恥ずかしいわっっ!!!**

えーー、ただ、いくつもの例を出したものの、当然ここでひとつ疑問が出てくると思います。人に内発的モチベーションを持たせるには、どうすればいいか。

実は散々しつこく内発的モチベーションの素晴らしさを語っておきながら、その内発的モチベーションを人工的に作るというのは、とても難しいことなのです。

内発的モチベーションは内発的なのですから、外の誰かが操作することができません。外の誰かが操作しようとすると、その時点で内発的モチベーションは外発的モチベーションになってしまいます。

たとえば日本史の年号を覚えるのが大好きな子供がいたとして、ある時からその子供に「年号をひとつ覚えるごとにお小遣いをあげよう」と報酬を与えるとすると、その後その子の勉強は**「お小遣いをもらうために年号を覚える」**という外発的モチベーションに変わってしまいます。せっかく持っていた内発的モチベーションは消え、さらには**お小遣いをもらわなければバカバカしくて年号を覚える気にならない**という状態にまで発展してしまうことが考えられます。

以上の点を踏まえてひきこもりから脱却し充実人生を目指す私が考えるべきことは、もちろん自分の内発的モチベーションをいかに創り出すかということになりますが、それはすでに述べた通りかなりの難題です。

もし自分の意思でモチベーションを操作できるのならば、たとえば私が仕事のことをＡＶ女優よりも好きになることができれば、それはもう爆裂な集中力と才能を発揮して３カ月後には**源氏物語レベルの歴史に残る傑作小説**を発表してしまうかもしれませんが、しかし残念ながら自分で内発的モチベーションを作ることはできないため、それは起こり得ないことなのです。

ただ逆転の発想として、それほどまでにＡＶ女優が好きなのならば、**私がＡＶ男優に転職すれば**、毎日大好きなことができるわけですからそれはもう爆裂な集中力と才能を発揮して**源氏物語レベルの歴史に残る傑作ＡＶ作品**を発表してしまうかもしれませんけどね。……どんな作品なんでしょうかそれは。

しかしそう考えると、モチベーションをどう操作するかと悩むよりもまずは**「好きなことを仕事にする」**というのが、自分の才能を発揮するためには最善の策だと思われます。

もちろん、あることを趣味でやる場合と仕事でやる場合では、求められるレベルはまったく違います。この本をご覧のＡＶ男優の方も、先ほどの私の発言に対して**「男優の仕事なめんなよっ‼」**とお怒りになったことと思います。たしかにＡＶ男優のお仕事というのも、選ばれた方にしかできない大変なお仕事だと思います。不用意な発言、申し訳ありませんでした(号泣)。

ですが、現実に世の中には大好きなことを仕事にし、楽しくて楽しくて仕方が無い人生を送っている人もいます。

好きなことを仕事にする、そこに辿り着くまでにはとてつもなく大きく高い壁が立ちはだかっているのは間違いないですが、人生を楽しくて楽しくて仕方が無いものにするために、試しにその壁に挑んでみるのもいいかもしれません。

ココロは〝やらされる〟より、〝やりたい〟方がいい結果を出す。

21 自己効力感

カナダの心理学者アルバート・バンデューラが提唱した、「自己効力感」という言葉があります。

これは、なんらかの事柄について「自分なら達成できるだろう」という予測や確信を持つ感覚のことです。

この自己効力感が高い人は、人生において何事に対しても前向きに取り組むことができますし、その前向きな姿勢によって他人とも良い関係を築くことができます。

反対に自己効力感が低い人というのは、常に「どうせ自分なんか」と物事に対して後ろ向きになります。その結果他人と接する際にも弱気になり、たとえ友人や恋人ができたとしても、嫌われることを恐れて相手の顔色ばかりうかがうような、おどおどした付き合いになってしまいます。

それならば、誰もがこの自己効力感を高く持つことができればそれで世は太平になり万事解決なのですが、世の中には自分に自信を持ち胸を張って生きている人もいますし、反対に自分に自信が無く肩を落としながら暮らしている人もいます。

その違いは果たしてどこにあるのでしょうか？

自己効力感を高めるには、「なにかをやり遂げた」という「達成感」を得ることが重要なのです。今までできなかったことにチャレンジしたり、自分で立てた目標をクリアしたりすること、それによって自己効力感は大きく高まります。

目標を遠いところではなく「努力すれば手が届きそうなところ」に設定をするという、段階的な目標設定が良いのはこのためでもあります。まずはひとつ手頃な目標を作り、それを達成することによって「ああ、自分にもこんなことができたんだ！」とひとつの達成感を得る。すると、その達成感による自信、高まった自己効力感のせいでもう少し先の目標、あそこにも自分なら手が届くんじゃないかという、そんな予感がしてくるものです。

おもしろいもので、ひとつの事柄について達成感を得て自己効力感が高まると、本当に「他の事もできそうだな」という気分になってしまうものです。

思えば私は生まれて以来30年近くずっと、実に自己効力感の低い人間でした。どのようにダメかは他のところで散々書いているのでここでは省略しますが、ともかくさまざまな理由により自分は他人と比べてダメな人間なんだなあと、とことん思い続けてきました。

ところがある時、私はネガティブな自分をたたき直すために一人旅に出ました。例のアフリカからアジア、正確に言いますと南アフリカ共和国から中国を目指す旅です。

まあ南アフリカ共和国から中国までと書いてしまうと壮大に感じられますが、実際やってしまうとこの交通網の発達した現代では、その行程は私のようなダメ人間でも案外あっさり達成できてしまうほどの、たいしたことはない行程でした。

もちろん、たとえ後になってみればたいしたことがないものだったとしても、旅立つ前には私はまだ見ぬ異国・異大陸を恐れ、そんな旅は自分には到底無理なことだと震え上がっていたものです。

ところがいろいろトラブルはありつつも、旅は中国にて無事終了。そして当初震え上がっていたほどの目的を果たしたことによって、私の中には、「あ、あれっ？　俺って、意外とこんなことができちゃう人間だったんだ？」という驚きと達成感が芽生えました。

すると、わずかに私の人生にも変化が起こったのです。

その後の生活において、「今までなら途中で諦めていただろう細かいことたち」が、「自分ならクリアできそうなことたち」に変わっていったのです。本当にささいなことですよ。英語を勉強してTOEICで目標点数を取るとか、ビリーズブートキャンプに入門して筋肉をつけるとか、出版社に持ち込むために旅行記を書くとか、そういうささいな、しかし自分が旅に出る前なら「どうせ俺には無理だよー。やーめた」と諦めていたはずのものたちが、「旅の成功」というひとつの達成感を得た後には、自分にならできそうなこと、できることになっていったのです。

私は今でも自分に自信がある人間では決してありませんが、こうして日常の細かなことたちに少しずつでも前向きに取り組めるようになったのは、わずかとはいえ旅の前後において自己効力感に変化があったからではないかと思います。

人のことを言える立場ではないのですがあえて言いますと、私の知人にも、自己効力感が非常に低い人がいます。

彼女はとにかく体重を気にする人で、常になんらかのダイエットに取り組んでいるのですが、いつも**会う度会う度に行っているダイエットプログラムが変わっている**のです。ある時はランニングを始めたと言い、次に会った時にはランニングをやめて朝バナナダイエットにしたと言い、その次に会った時には朝バナナダイエットはやめてヨガに通い始めたと言い、その次に会った時にはヨガはやめてカーヴィーダンスを始めたと言い、とにかく流行りのダイエットを次々と取り入れているのですが、そのどれもが1カ月と続かないのです。もちろん、彼女の体重は減っていません。ダイエットはどれも失敗です。

気の毒なことに、彼女は**自己効力感の負の連鎖**に陥ってしまっているのです。

大事なことは、少しずついろいろなものに手を出すことではなく、**まずはひとつだけでいいから、ひとつだけなにかをやり遂げること**なのだと思います。

自己効力感が低い人は、ひとつの事柄の結果が出る前に「自分には無理だ」と見切りをつけ、次の目標や方法に気を移してしまいます。でもそこをもう少し辛抱して、まずはひとつの目標をなんとか頑張って達成する。その達成感を得たら、そこで初めて別の目標を立てて今度はそれを達成する。そうすれば徐々に**「成功癖」**がつき、自己効力感の正の連鎖によって、それから後はどんなことにチャレンジしても一定以上の効果が得られるようになるはずなのです。

一度自分に成功癖がつけば、確実に人生は変わるはずです。

私もまだまだダメ人間ながら、その境地を目指して少しずつ頑張っているところです。

今はまだ未熟なダメ人間でも、5年後、10年後には、高い自己効力感を持ち胸を張って人生を歩んでいる、そんな人間になっていたいものです。

ひとつできると、ココロは「他のこともできそうだ」と思う。

5章

染まりやすいココロ

22 類似性ー魅力仮説

人と人とを結ぶ関係において、心理学のほとんどの本に記載のある、根本的な原則があります。

それは、**類似性ー魅力仮説**と言い、**人は、自分と性格や立場や価値観が似ている人間に好意を持つ**という法則です。その法則があるがために、我々の人間関係は一般的に「似たもの同士が集まる」という傾向となります。

翻って、これもよく述べられていることですが、**ある人物のことをどのような人間か見極めたかったら、その人物の交友関係を見れば良い**のです。ある人の周囲に集まるのはその人に似た人たちなのですから、友人の性格や振る舞いを見れば、本人もおおむねどのような人間かがわかるということになります。

現実に、女子力のある女性の友人メンバーは必ずと言っていいほど同じく女子力のある女性で固められていますし、スポーツマンタイプのイケメンの周りにはやはりスポーツマンタイプのイケメンが集まります。これはみなさんも、周りの人間関係を見ていて実感できることではないでしょうか。

では試しに、その類似性―魅力仮説によって、**私自身のこと**を分析してみることにしましょう。今の法則に当てはめると、果たして私はどのような人間だということになるのでしょうか？

あらためて周りを見渡してみると、私がプライベートでよく交流しているのは、**5分に1回タママタマを触らないと気が済まないこーすけくん**（通称コースケ・キンタマリアくん）や、**女性の胸を揉もうとすることに命をかけている山本課長**（通称揉み太郎さん）などです。

ほほう、なるほど………。

わかりました。 自分がどんな人間なのか、**わかってしまいました。**

正直、前々からなんとなく「もしかしたら自分は変態なんじゃないかなあ」と思ってはいましたが、こうしてあらためて交友関係を確認してみると、もう私は**紛れもない変態ですね。**これは言い逃れできません。なにしろイケメンの周りにはイケメンが集まり、**変態の周りには変態が集まる。** これは心理学で解明されている、動かせない事実なのですから。………

もうちょっと私も、**つき合う友達を選びたいと思います。** まあこの本を読んだら**あっちも同じことを思うでしょうけどね（涙）。**

ちなみに似たもの同士が集まる理由は、態度や価値観の似ている友人というのは「こいつも同じことを考えているのだから、やっぱり自分は正しいんだ」と、自分の価値観や意見の正しさを確信させてくれるからです。人は誰しも自分は正しい人間なんだと思いたい生き物ですから、似たものである友人というのはそれを裏付けてくれる頼もしい存在なのです。

そう考えると、私が人生において**起業家の集まる六本木ヒルズのパーティ**などに一度も呼ばれたことが無いのも納得がいきます。だってお金持ちでバイタリティ溢れる起業家のみなさんが、私のような貧困層の変態と交流したところで裏付けられることはなにも無いですからね。六本木ヒルズのパーティで私と交流して裏付けられることなど、せいぜい**「こいつを呼んだのは間違いだった」**ということくらいでしょう。まったく、私を呼ばないなんて、実に正しい選択をしていますね起業家のみなさんは(泣)。

ただ、ヒルズのパーティという夢幻《ゆめまぼろし》の世界に呼ばれないのは仕方ないとしても、**高校の同窓会にすら呼ばれない**という現状が私には納得がいきません。私、**もう卒業して20年近くになりますが、高校の同窓会に一度も呼ばれたことが無いのです。**

決して、同窓会が行われていないわけではないのです。

先日など、都内で同窓会が開かれたということを私は**当日の深夜に同級生のツイッターの書き込みを見て初めて知りました。**「今日は連絡のつく都内の46回生を全員集めての、2年ぶりの同窓会でした！」という、**笑顔の集合写真とともにアップされた書き込み。**その書き込みをその日の深夜3時に1人、部屋のパソコンでポッンと目撃した**同じく46回生で都内に住む私。ツイッターやメールでいつでも連絡のつく私。**モニターの中の集合写真がだんだんかすんで見えなくなっていったのは、私の目に溢れ出る滂沱《ぼうだ》の涙のせいでした。

結局、ヒルズの起業家どころか高校の同級生にさえ私は**「交流すると変態になる人物」**としてその存在を封印されているようです。存在を封印されているという点では、王名表から削除され存在を消された古代エジプトのツタンカーメンと同じですね。そう考えると、まあなんて私は高貴な人物なのかしら……。こんなツタンカーメンレベルの高貴な私ともっと積極的に交流しなさいよあなたたち。**呼びなさいよ同窓会にっ!!　次に会ったら目いっぱい呪ってあげるからおまえたちっっ(呪)!!!**

さて、そんな取るに足らない話は置いておきまして、人は似たもの同士で集まるだけでなく、お互いに信頼関係を築きその「似たもの」の関係性がより深まってくると、なんと**表情や見た目までがだんだんと似てくる**ことがあります。これを「姿勢反響」や「ミラーリング」といいますが、たとえば長年一緒に暮らしている夫婦や恋人同士、またペットと主人がなんとなく雰囲気や見た目が似通ってくるというような傾向は結構あちこちで見られるのです。

自覚は無いのですが、私も幼稚園の頃から友達がいない代わりにずっと犬と遊んでいたため、いつからか私の外見は犬そっくりになっているようです。今まで何回、どれだけ多くの人に「顔が犬みたい」と言われたことか。

本当に私の外見は犬とうりふたつらしいのです。ある時など、動物病院に予防接種のために飼い犬を連れて行ったら獣医さんが**犬と間違えて私の腕に注射をしそうになり、**「先生〜〜っ、僕、注射がすごく苦手なんです(涙)。お願いだから痛くしないでくださいね〜どうか優しくしてね♪　**ってちょっと待って先生っっ!!!　違うでしょっ!!　俺じゃないでしょ注射打つのはっっ!!!　僕は飼い主!!　ムクはこれ!!　ていうかおいムクっ!　おまえも『うちの犬をよろしくお願いします』みたいな飼い主ヅラしてんじゃねーよっ!!　なんだその生意気なとぼけ方!!**」と診察室で怒り狂ったことがあります。

…………。

すみませんウソをつきました。

まあ今の注射のくだりはウソとはいえ、私が会う人会う人に「犬みたいですね」と言われるのはマジなことです。

一方、長い期間ネコを飼っている人はネコのような顔になるもので、とある私の知人女性も、1人暮らしでずっとネコと生活しているために**外見も行動も本当にネコのようになっています。**

あなたも友人知人の顔をあらためてじっくりと観察してみてください。犬風の人、ネコ風の人、ハムスター風の人やオバQ風の人など、飼っている動物によって人間の外見もいろんな種類に分類できるはずです。

よく似たココロの人といると、表情や見た目まで似てくる。

さて、以上の点を踏まえると、ひきこもりから脱却し充実人生を目指す私にとって大事なことは、**一度自分の交友関係を見直してみる**ということかもしれません。

決して、今現在の友人がふさわしくないというわけではありません(フォロー)。ただ、もし今後「自分がああなりたい」という理想の人やグループを見つけたならば、自分もそこに加わり、新しい交友関係を築いていくことも大事だと思うのです。仮に無理矢理にでも理想のグループに自分が参加できたなら、場の理論が働いて、自分もその集団に交ざるにふさわしい理想の人間になれるかもしれないのですから。

まあもっと端的に言えば、**魅力的な人と友達になりたいと思ったら、自分も魅力的な人間になる。**これが、難しいことではありますが、人脈を豊かにするには一番確実な方法なのでしょうね。

23 自己開示の返報性

当たり前といえば当たり前ですが、人は自分に否定的な態度を取ってくる人間よりも、自分を肯定的に評価してくれる人に対して好意を持ちます。

これは肯定されることによって「自分は正しい人間であると信じたい」という欲求が満たされるからですが、そのように自分を肯定してくれる他人に対しては、こちらからも同様に肯定的、好意的に接したいという気持ちになります。このことを**「好意の返報《へんぽう》性」**といいます。やはり人間、好意に対しては好意を返してあげたくなるものです。

この好意の返報性が日常的によく現れている例としては、「笑顔の感染効果」というものがあります。

笑顔というのは、例えは悪いですがカゼなどの病気が人にうつるように、他人に感染するものなのです。たとえ見ず知らずの他人だったとしても、こちらがニコッと笑いかければ相手も無意識に顔の筋肉が緩み、同じようにニコッとしてしまうものです。

接客業に笑顔が大事なのはこのためです。人は笑顔を向けられるとそれだけで良い気持ちになりますし、そのうえ感染効果によって自分も笑顔になると「あっ、今自分は笑顔になっているな、笑顔になっているということは、今自分は楽しい気分になっているんだな」と脳が勝手に思い込み、良い気持ちが上乗せされるのです。

ただし、感染するのは笑顔だけでなく、逆に**不愉快な顔**もまた、同じように感染するため注意が必要です。

日本の接客業では笑顔の重要性が非常によく浸透していますが、一部の海外ではそうではありません。

たとえば同じ東アジア、同じ東洋人ですが中国などになると、これが多くの店で店員さんはきわめて無愛想なのです。

中国では商店などで物を買って支払いをする時にも、レジのおばさんやおじさんはだいたいムスーッとした顔で、さらにこちらがちゃんと手を出しているのに**わざわざその手を避けてカウンターの上に釣り銭を投げてよこしたり**します。

笑顔で接してくれればこちらも笑顔で返しますが、そんな無愛想な顔で釣りを投げ返された時には私も最高に不愉快になり、**「てめーこの野郎客をなめてんじゃねえぞエーコラァッ!!!　表に出んかいワレっ!!　今ここでやってやるっ!!　覚悟しろオラッ!!!」**と心の中でプロレスラー風に叫び、店員に対して**妄想のジャーマンスープレックス**を決めてしまいます。

もうちょっと、中国の人々にも笑顔の力というのをわかってほしいものです。たとえば右の台詞を私が心の中だけでなく本当に口に出して怒鳴っていたとしても、そこで突然レジのおじさんおばさんが「ニコッ！」と笑いかけてくれれば、私だってきっと**怒鳴りながらも笑顔に**なると思うのです。そうなればこちらは**「ふざけんじゃねーぞてめーこの野郎(笑顔で頭をゆらゆらゆらと左右に振りながら)!!! なにしてんだてめーバカヤロウこの野郎(笑顔で左右にゆらゆらゆらと振りながら)!!!」**と、**竹中直人さんの鉄板芸である「笑いながら怒る人」状態**になり、周りから変人として一斉に注目を浴び、**あまりに恥ずかしくて怒るのをやめるでしょう。**そんな効果も笑顔にはあるのです。

しかし残念ながら現実的にはかの国では笑顔の大切さの認識はすこぶる低く、私の経験だとあちらではマクドナルドのおねえさんにすら笑顔はありませんでした。どうやら、中国のマクドナルドでは**スマイルが売り切れているようです。**スマイルなんて原価は0円なんだし、さっさと入荷してほしいものです。

ところで、好意の返報性に類似する法則として、もうひとつ**「自己開示の返報性」**というものがあります。

これは、人は相手に対して自分の包み隠さない姿、たとえば**秘密を打ち明けたり少しマヌ**

ケな姿を見せたりすると、より好意を持たれやすくなるという法則です。

ある実験では、被験者に喫茶店で初対面の人と話をさせた時に、相手がついドジをしてコーヒーをこぼしてしまった場合、なぜか**その相手に対する好感度が上昇した**そうです。

なお実際にコーヒーをこぼすのではなく、「過去にコーヒーをこぼしてヤケドをした」という話をするだけでも、多かれ少なかれイメージアップが図れるそうです。これは、受け手に「この人はこんなドジな姿も見せてくれるんだ」「そんな恥ずかしい話も打ち明けてくれるなんて、この人は私のことを信頼してくれているんだ」という心理が働くためです。

人はそうした自己開示を受けると自分の側も秘密や悩みを相手に打ち明けることに抵抗がなくなるもので、そうしてお互いに自分をさらけ出して話し合っていくうちに、相手との関係はどんどん深くなっていくのです。

さて、以上の点を踏まえると、ひきこもりから脱却し充実人生を目指す私が行うべきことは、まずひとつは**他人に対して笑顔で接する**こと、もうひとつは**他人に対して自分からどんどん自己開示をしていく**ということだと思います。

ただし、笑顔を作るのはまだ比較的簡単でも、自己開示に関しては、まだまだ私も他人の前では良い格好をしようとし、本当の自分の姿は隠したくなってしまいます。

しかしそれでは、いつまでたっても表面上の付き合いから抜け出すことはできない気がします。そこを思い切って、自分の失敗談やドジな姿、人間くさい姿を包み隠さず見せていけば、自己開示の返報性によって相手も私のことを信頼し、本当の姿を見せてくれるのだと思います。

ただし注意点としては、失敗談やドジな姿を開示するのは良いですが、それがあまりにも**度を超した失敗談やマヌケな姿**だと、逆に相手に引かれてしまうのでそこはうまく調整する必要がありそうです。

たとえば「コーヒーをこぼしてヤケドした」という話くらいなら微笑ましいですが、同じヤケドでも大リーガーの名投手であるアメリカ人ジョン・スモルツは、**シャツを着たままアイロンをかけ、胸をヤケドしたため故障者リストに入った**という伝説があります。

いくらなんでもここまでマヌケな話になると、さすがに聞かされた相手は**どん引きする**可能性が高いと思います。それにしても横着にも程がありますよね。いったいジョンはどこまで自分の胸の耐久力を過信していたんでしょうか。

ちなみにこれも同じく大リーガーの投手ですが、スティーブ・スパークスという選手は、**自分の腕力を誇示するために電話帳を引き裂こうとして、肩を脱臼したためやはり故障者リストに入った**という逸話があります。

どうも大リーガーの投手というのは、いたずらに自分の力を過信しすぎる傾向があるようですね。なにを考えているんでしょうかこの人たちは。アイロンの件も電話帳の件も、**自己開示の域を超えたマヌケすぎる話**であり、できればそれは誰にも開示せず、墓場にまで持って行くべき話だと思います。

というように、自分を取り繕わずどんどん自己開示をしていくことは相手との仲を深めるために大事ですが、どの程度まで開示するのかということは、よく考えて懸命な判断をするようにしたいです。

こちらのココロを開くと、向こうのココロも開く。

24 ドラマ効果

男性にしろ女性にしろ、聞き上手な人というのは他人から好かれるものですが、その聞き上手になるためにひとつ有効な手段があります。それが**「ドラマ効果」**というものです。

人の話を上手に聞くためには相手に対してのリアクションが大事になってきますが、「相手の話に必要以上にオーバーな反応をする」というテクニックをドラマ効果と呼びます。具体的に言うと、リアクションに「〜〜〜」や「!!!」を混ぜることによって、こちらがいかに本気で感銘を受けたかということを伝えるのです。

まあ「!!!」などは言葉で表せないものですが、**さも「!!!」がついているかのような勢いでリアクションを取る**のです。

たとえば「本当ですか?」と言いたい時には、「え〜〜〜!!　ほんと〜ですかそれ〜〜〜っ!!!」と言ってみる。「美味しいですね」と言いたい時には、「すげ〜〜これ美味しい〜〜

〜っ!!!」と言ってみる。そのように大げさに反応することで、相手は「そんなにも驚いて(喜んで)くれるのか!」と良い気分になるのです。

……ひょっとしたらお気づきの方もいらっしゃるかもしれませんが、このやり方は、**さくら剛の文章**でよく使われる手法です。

私は文章を書く時のモットーは**「針小棒大」**ですので、たとえば「ちょっと下痢になっておなかが痛い」というような状況を表現する時には、**「いって〜〜〜〜〜〜めちゃくちゃ腹痛えっ、いってぇ〜〜〜〜〜〜っっ(涙)!! うごうっ死ぬっ! 死ぬ〜〜〜〜〜っっ(泣)!!!あが〜〜〜もうダメだ〜〜〜〜神様〜〜〜〜助けてっ、助けでぐだざい〜〜〜〜〜〜ほんともう耐えられんっ、ぎぎぎぎっ死ぬううう〜〜〜〜〜おおおおお〜〜〜〜〜〜っっっ(号泣)!!!」**というように、「〜〜〜」や「!!!」、(号泣)マークまでついてさらに**字も太くなります。**

実際どうですか、ただ「おなかが痛いなあ」とだけ書くよりも、こっちの方が断然痛そうに感じるでしょう?

なお、ドラマ効果は主に話を聞く立場の時に使用する作戦ですが、自分が話をする側になった時に言葉に力を持たせる方法もいろいろあります。

ひとつは、言葉に**慣用表現**をつけるという方法です。たとえば美味しい時にはただ「美味しいです」だけでなく、「ほっぺたが落ちるほど美味しいです」と言う。うれしい時には「飛び上がるほどうれしいです」と言う。肯定だけでなく否定的な表現も、「口が裂けても言えません」「胸が張り裂けるほど悲しいです」など数多くあります。

ただ余談ではありますが、「口が裂けても言えません」とはいうものの、実際に口を裂いてみていただければわかると思いますが、なにかを言おうと思っても**口がズバッと裂けていたら痛すぎてなにも言えない**と思います。言うも言わないもとにかく早く救急車を呼ぶべきです。同じく「胸が張り裂けるほど悲しい」も、**実際に胸を張り裂いてみていただければわかると思いますが**、おそらく「悲しい」と思う前に**死んでます。**自分で勧めておいてなんですが、いまいち慣用表現というのは由来が理解できない例も多いですね。

まあしかし今の作戦はまだまだ序の口であり、続いてもうひとつ言葉に重みを持たせるテクニックを紹介しますと、**「文章に高低差をつける」**という技があります。

先の章で「マイナスからプラスへ変化することでプラスの振り幅を高める」というゲイン効果についてご紹介しましたが、言葉や文章にも比較的似たような効果をつけることができます。つまり、なにか表現したいことがあったら、その前に反対の意味の言葉を配置することによって、本来表現したいことをより強く相手に訴えることができるのです。

たとえば、まあ事実かどうかはさておいて、「さくら剛の本がおもしろい」ということを誰かに伝えたいとします。その場合は、**「他の本がつまらなく思えるほど、さくら剛の本はおもしろい」**と言ってみます。ただ「おもしろい」とだけ言うよりも、その前に真逆の言葉である「つまらない」を配置することによって、後の「おもしろい」がより強調されるわけです。

「私は今日引退をいたしますが、我が巨人軍は永久に不滅です」という長嶋茂雄さんの名言にも、高低差の効果が働いています。「引退」があることによって、その逆の意味を持つ言葉である「不滅」が引き立っているのです。「今日がダメでも、いいともロー♪」、これも「ダメ」に対して「いい」が引き立っています。

他にも世に言われる名言というのは、文章の前半と後半でなんらかの高低差がついていることが多いです。

たとえば、ドイツの物理学者リヒテンベルグは、結婚についてこんなコメントを残したそうです。**「恋は人を盲目にするが、結婚は視力を戻してくれる」**。

これも、前半の「盲目にする」という言葉と後半の「視力を戻してくれる」という言葉の対比、高低差があることによって、我々を「なるほどうまいこと言うなあ」と感心させてくれるわけです。

他にも映画の中で登場した結婚に関する名ゼリフで、「人生最良の時は結婚式の日だった」「じゃあ最悪の時は?」**「それ以後の毎日」**というものがあります。これも「最良」と「最悪」という言葉の落差により、「なるほどうまいこと言うなあ」と我々を感心させてくれるわけです。

なお、ついでに紹介しますと、他にも結婚に関しての偉人や有名人の発言には、「人は判断力の欠如によって結婚し、忍耐力の欠如によって離婚し、記憶力の欠如によって再婚する」や、「結婚をしばしば宝くじにたとえるが、それは誤りだ。宝くじなら当たることもあるのだから」、または**「1人でいる時、女たちがどんなふうに時間をつぶすものか。もしそれを男たちが知ったら、男たちは決して結婚なんてしないだろう」**などというものがあります。

……………。

あのー。偉人のみなさん、**いったい結婚生活でどんなつらいことがあったんですかね(涙)?** なんですかその結婚全否定の発言!! ねえ、なんなんですか結婚って!? ていうか、**女の人って1人でいる時なにやってんのっ!? なにして時間つぶしてんですか女性のみなさん!! 怖いっ(泣)!! なんなのっ!? 1人でいる時はヤマタノオロチにでも化けてるんですか女性って!!!**

……えーさて、以上の点を踏まえると、ひきこもりから脱却し充実人生を目指す私が考えるべきことは、**結婚なんて絶対にしないようにしよう……じゃなくて、**考えるべきことは、「自分の発言にひと工夫加えて、聞き上手もしくは話し上手を目指す」、ということだと思います。

なかなか普段突発的に慣用表現や高低差のある文章を出すのは難しそうですが、たとえばあらかじめ準備が可能なシーン、プレゼンテーションやデートのようなここぞという時には、事前に効果的な言葉を考えておくことが重要だと思います。

「この夜景が色あせて見えてしまうほど、キミは美しい」。ビルの高層階のバーで一度こんなセリフを言ってみたいというのが、私の長年の夢です。しかし現状なかなかチャンスが訪れないので、もうこの際相手が男性でもいいので、今度試しに言ってみようと思います。

大きな反応があれば、ココロはやっぱりうれしい。

25 風評効果

前の項で「他の本がつまらなく思えるほど、さくら剛の本はおもしろい」という例文を作りましたが、実はそれは、**本当のことです。**

はっきり言って、私の本はめちゃくちゃおもしろいんです。間違いありません。さくら剛の本はどれも抱腹絶倒、熱中しすぎて夜も寝られないおもしろさ！　私が保証します！　ぜひ読んでみてください!!

……………。と、言ってはみましたが、みなさん私の言葉を信用してくださるでしょうか？

そうですね。そう言われても、「なるほどそんなにおもしろいのか！　じゃあすぐさま買って読んでみよう！」と素直に信じ込んでしまう人はあまりいないと思います。

なぜかというと、それは私が**自分で自分のことを褒めているから**です。私は本を買ってほしい立場なのですから、たとえウソでも「この本おもしろいですよ！」と言うはずで、そのことをみなさんよくわかってらっしゃるからそう簡単には惑わされないのです。

ところが、もし私の本を、あなたの家族やお友達が「この本すごくおもしろいよ！」と薦めてきたらどうでしょう。おそらく、少しくらいは「読んでみようかな」という気持ちが芽生えるのではないでしょうか？　著者の自画自賛には反応しなくとも、家族やお友達の言葉になら心を動かされる確率は高いと思います。

これは**「風評効果」**といい、**他の誰か（なにか）と直接利害関係の無い第三者を通じて他の誰か（なにか）の評判を聞くと、人はそのことを信じやすくなる**という法則です。

本の例で言えば、みなさんのご家族や友人は著者に対して利害関係など無いわけですから、その言葉は本心からのおすすめの言葉であり、信用に値すると判断されるわけです。

この法則がよく使われているのが、通信販売の商品などの**「使用者のよろこびの声」**です。エステや教材や健康器具、身につけるだけで運気が良くなるというパワーストーンなど、各種通信販売の広告ではよく「これを使ったらこんな良いことが起こりました！」という体験談が掲載されています。

販売側のスタッフが「この商品はいいですよ〜」と自画自賛するのと比べ、第三者である使用者が「これは良かったですよ！」と褒める方が、風評効果により心を動かされる確率は高くなるのです。

たとえばパワーストーンの体験談などは、「このパワーブレスレットを身につけていたら、第一志望の大学に合格できました！」「このパワーリングをしていたおかげで、宝くじで100万円も当たりました！」「このパワーペンダントを購入してから1カ月、**なんと同僚女性3人から同時に告白されて、もうウハウハでうれしい悲鳴です（笑）！**」などと、その効果を絶賛するコメントが並んでいます。

……………。

あのすみません。これって、**心動かされますかね？**

なんか話が逸れて申し訳ないですが、たかが石を買ったくらいで、希望通りの進学ができたりお金持ちになれたりモテモテになれたり、そんな幸運に恵まれるものでしょうか？

私は思いますが、もし本当にパワーストーンがそんなに効果があるものだとしたら、普通だったらそれを**販売しようとは思わない**のではないでしょうか？

だって、販売する側の人はパワーストーンを何百、何千と仕入れて持っているわけでしょう。たったひとつだけでも大きな幸運を呼ぶ、その石を販売者は**何千個も持っているわけ**ですから、そのすべての幸運パワーが合体したら販売者はもう今ごろ**地球を征服し地球王となり**、1万人くらいの愛人と100兆円くらいの財産を得て**この地球最高の栄華**を手に入れられていると思うのです。それが実際には、販売者は地球王になるでもなく、**いち事業者として石を1個ずつ通信販売でコツコツ売っている**のですから、ちょっとパワーストーンというものの信憑性《しんぴょうせい》を疑いたくなってしまいます。

まあしかしなにを信じるかはその人の自由ですのでとりあえずパワーストーンの話は置いておきまして、この風評効果は、うまく使えば人間関係をより良いものにするために役立てることができます。

要するに、自分の評判を上げたければ、こっそり友人などに頼んで、その人に**第三者として自分を褒めてもらえばいい**わけです。

恋愛でも同じテクニックが使えます。たとえばケンくんが意中の女性・カナちゃんに良い印象を持ってもらいたいのであれば、ケンくんはカナちゃんの友達に頼んで、「ケンくんって優しくて良い人だよ！」などと好評価を伝えてもらえばいいのです。

ただ、ひとつ問題は、カナちゃんの友達がさほど協力的ではなかった場合、「ねえねえカナ！さっきケンが『カナの前で自分のことを褒めてほしい』なんて姑息《こそく》なことを私に頼んできたんだよ！　超最低でしょう‼」とチクられてしまい、逆に印象が悪くなってしまうことも考えられます。

ですから一番良いのは、「自分を褒めてほしい」と頼むのではなく、実際にカナちゃんの友達に目いっぱい親切にしてあげて、**本心から「ケンくんって超優しいんだよ！」と伝えさせる**ことです。そうすれば風評効果は威力を十分に発揮して、「そうなんだ、〇子《まる》がそこまで言うんなら、ケンくんって優しくて良い人なんだな」とカナちゃんにも思ってもらえるのです。要は、**将を射んと欲すれば先ず馬を射よ**の理論です。意中の女性を手に入れるためには、まずその周囲にいる馬を手なずけるのが近道なのです。

ただし、世の中にはたまに「みんなに優しい人はイヤだ！　私は、**私にだけ優しい人がいいの！**」というようなことをほざき、いや、おっしゃる女性がいます。もしカナちゃんがそんな女性だった場合、ケンくんが○子《まる》ちゃんはじめ友人たちみんなに優しく接しているのを見たら、むしろ本人は不快な気持ちになるのかもしれません。

しかしそれは、男側としてはなんとも納得がいかないことです。だって、別にこっちはカナちゃんの友達には優しくしたくてしているわけではないのです。あくまで**将を射んと欲すれば先ず馬を射よ**を実践しているだけなのですから。

でも、だからといって本当のことを言うわけにもいきません。別に俺はみんなに優しい男じゃないんだよっ。**ほんとは他の女になんて優しくしたくないんだよっ!!　でもおまえに良く思われるために仕方なくこいつらにも優しくしてるんだろうがよっ!!　本当は○子《まる》なんてどうでもいいわっ!!　あいつなんて溺れてても燃えさかっててもテロリストに監禁されてても知ったこっちゃないんだよっ!!　でも風評効果のためにしぶしぶ○子《まる》にも優しくしてるんだろうが!!!　そのくらい理解しろよなテメエッッ!!!**

と本当のことを言ってしまったら、**当然のごとくカナちゃんは激しく怒るでしょう。**自分で「私にだけ優しい人がいいの！」と言っておきながら、○子《まる》ちゃんに冷たくしたら怒るって、わけがわかりません。もっと女性には自分の発言に責任を持ってほしいものです。

とまあ**そんな感じで、**以上の点を踏まえてひきこもりから脱却し充実人生を目指す私が取るべきひとつの方法は、やはり**「うまく風評効果を利用して自分の評価を上げる」**ということでしょう。

誰かに私のことを「優しい人なんだ」と思ってもらいたいなら、まずはその周りの人から「優しい人なんだ」と思われる必要があります。そうしていけばそのうちに評判が目的の人物にも伝わり、いずれ目的の人物からの私への評価もグンと上がるはずなのです。

しかし、「友達の友達はみな友達だ」と言います。であれば誰かに自分を「優しい人なんだ」と思ってもらいたいならば、結局は回り回って、常日頃から**誰にでも優しくしなければいけない**ということになりますね。

うん……、まあ、そういうことですね。

ココロは、第三者からの意見を信じやすい。

26 ペルソナ

我々は誰しも、サングラスをかけると普段とは違う、妙に強気な気分になるものです。

マンガ『ドラゴンボール』の亀仙人も、**パンチーをはいていないというピチピチギャル**に「幸いこちらはサングラスじゃ！　目の動きは悟られん!!」と言って堂々と近づき、下半身をのぞこうとしていました(そのギャルの正体は人魚でしたが)。

サングラスをかけると強気になれるのは、亀仙人の言う通りこちらの目の動きが悟られないからというのもありますし、目元を隠すことによって自分の印象をぼかすことができるからという理由もあります。

「目は口ほどにものを言う」という通り、目というのは相手に与える印象を左右する、非常に大事なパーツです。

反対の立場で見てみると、我々はサングラスをかけている人物からは大なり小なり威圧感を感じますが、それは相手の重要パーツである目が確認できないからです。目がサングラスで覆われているせいで、我々は相手の印象を確定することができず、戸惑ってしまうのです。

そんなわけで人はサングラスをかけると精神的に相手よりも優位に立つことができるのですが、この時、心理学的に表現すると我々はサングラスによって**ペルソナが変化している状態である**ということになります。

ペルソナというのはもともと「仮面」を指す言葉で、転じてここでは「人格」ですとか「気分」「立場」のような意味合いを持ちます。つまりサングラスをかけることによって我々は**まるで仮面を被って別人物に変身したように、気分に余裕ができる**のです。

そして、実はこのペルソナを変化させる（人格や気分、態度を変える）という効果はサングラスだけでなく、**普通のメガネであっても現れます。**

ここでは理解しやすくするために、ペルソナを変えられる効果があるサングラスやメガネなどの道具のことを、仮に「ペルソナ具」と呼ぶことにします。

私はごくまれに雑誌の取材を受けたりテレビに出演したりすることがあるのですが、そんな時には必ずメガネをかけて登場するようにしています。それは、ひとつには万が一大学の後輩に見られた時に**「あっ、鬼神がテレビに出て変態な話してる！」**と気付かれないための変装の意味合いもありますが、もうひとつはペルソナ具としての意味合いもあります。

メディア、特にテレビに出演するなんていうイベントは、日常生活で起こり得る事象の限界を超えた**究極で絶望的な緊張**を伴うものです。当然腹痛マスターの私はあまりの緊張で出演1週間前から激しい下痢になり、毎回「こりゃあ本番では大便を漏らした上に気を失ってひと言もしゃべれないだろうな(涙)」と恐怖におののきますが、これがなぜかメガネをかけて本番に臨むと、自分のペルソナがわずかに変身することによって少しだけ緊張が和らぎ、漏らす大便の量もほどほどに、案外堂々と変態話をすることができるようになるのです。

私たちにとって、メガネなどのペルソナ具はそれを身につけることで自分と外界とのあいだに壁を作り、心に余裕を持てたり精神的に相手の上に立てたりするようになる、頼もしい防具であり武器なのです。

ところで、男性が簡単に身につけられるペルソナ具はメガネやマスクくらいしか無いのに対し、女性の場合、もっとすごい武器を持っています。それが、**化粧**です。

化粧というのは目元だけでなく顔全体を覆うために、その人物のペルソナを大きく変貌させることがあります。具体的に言うと、化粧をした女性というのは(化粧が濃ければ濃いほど)精神的に強くなる傾向があるのです。

現に口論をした時など、ほとんどの男性は女性には勝てないのではないでしょうか？

かくいう私も、過去にお付き合いのあった女性とは、口論をするたびに必ず負けていました。化粧という強力なペルソナ具を身にまとっているせいでしょう、口論をした何人もの女性が、私が負けを認めて泣き始めても、それでも攻撃を止めないという残忍性を持っていたのです。そうなったらもう私はただ泣きじゃくるだけで、他になすすべはありませんでした。ただ、「男子三日会わざれば刮目《かつもく》して見よ」と言うように、今の私は過去の私とは違い、女性に対する反撃の方法も考えています。

それはなにかといいますと、女性が化粧のせいで口論が強くなっているのであれば、**こちらだって化粧をして対抗すればいいのです。**

たとえば帰りが遅くなる度に奥さんに「あんたっ!!　遅くなる時には連絡しろっていつも言ってるでしょうが!!　せっかく作った夕ごはんがもったいないじゃないのっ!!　いったい何度言ったらわかるのよっ!!!」と激しく責められ言い負かされている旦那さんがいるとしたら、その旦那さんは次に遅くなる時には、こちらも**バッチリ化粧をして**帰ればいいのです。

その上で、「あんたっ!!　遅くなる時には連絡しろっていつも言ってるでしょうが!!　いったい何度言ったらわかるのよっ!!!」**「なによっ!!　そっちこそ私の苦労も知らないでっ!!　私だって、家族のために一生懸命働いてるんだからっ!!　たまに遅くなるくらいいいじゃないのよっ!!!」**というように、化粧姿で登場した上にさらに**オカマ言葉で対抗**すれば、さすがの奥さんも怯《ひる》んで言葉を失うのではないでしょうか。

しかし、もしかしたら奥さんが大学の心理学部出身で、ペルソナのこともよく心得ているという方であったら、次の日は旦那さんの化粧のさらに上を行く華やかなペルソナ具スタイルで迎え撃ってくるかもしれません。たとえば**劇団四季の『キャッツ』のようなネコメイク**

と全身タイツで、「なああんたキャッツ！　いつも私がキャッツ！　遅くなる時にはキャッツ！　連絡しろと、言ってるじゃないのキャッツ!!」と**歌い踊りながら**責めてこられたら、もはやお化粧をした旦那さんといえど勝ち目は無いでしょう。

………いや、まだです。目には目を歯には歯を、ペルソナ具にはペルソナ具を。そうしたらさらにまた次の日には、旦那さんは**歌舞伎の石川五右衛門風のど派手なメイクと衣装で豪華絢爛に登場しましょう。**そしてドアを開けるなり見得を切って**「アッ、ただ今～、かえったぞ～～～～!!　パパン（拍子木）!!」**「（歌い踊りながら）な、なああんたキャッツ！　その格好はキャッツ！　なんなのさキャッツ（汗）！　近所の人にキャッツ！　恥ずかしいじゃないのキャッツ！」**「ペペンペンペンペペンペンペン（三味線のＢＧＭ）♪　あいやっ、問われて～名乗るもおこがましいが～っ、拙者はこの家の～主《あるじ》、高木左衛門尉《さえもんのじょう》、義之《よしゆき》（仮名）なり～～～。おぬしの～～言い分なぞ、アッ！　聞いて～～やれぇ～ぬわ～～～～っ、パパン（拍子木＆大見得）!!!」**と、ここまでやれば、ご近所の手前もありますしキャッツ奥さんもさすがに降参するしかないでしょう。

………………。しかしこうなってくると、ペルソナがどうというよりむしろただの**コスプレ対決**ですけどね……。

さて、以上の点を踏まえてひきこもりから脱却し充実人生を目指す私が考えるべきことは、まずはペルソナを補強するための有効的な小道具を見つけ、次には徐々にその小道具に頼ることをやめていくということでしょうか。

人前で話をする時、怖い編集者さんとの打ち合わせに臨む時、エッチなＤＶＤを借りる時、そういったある程度の勇気が必要な状況では、初めは私も遠慮せずメガネや化粧などのペルソナ具に頼ってみたいと思います。まずはなんらかの小道具を身につけた状態で自分のペルソナを変え、そのシチュエーションに慣れていくことを目指すのです。

そして場数をこなして心に余裕ができてきたら、今度はその小道具を外してみようと思います。ペルソナ具の無い状態でも同じパフォーマンスを発揮できるようになったなら、その時私は以前より精神的に成長したといえるでしょうから。

顔を隠すほど、ココロは余裕になる。

27 カクテルパーティ効果

世の中には「地獄耳」と呼ばれ、自分の悪口や噂話にはびっくりするほど敏感に反応する人がいますが、実は私たち人間は、誰もがその地獄耳を持っているものです。

「カクテルパーティ効果」という言葉があります。

私たちはパーティのような何十人という人が集まるにぎやかな場においても、自分の話、もしくは自分が興味のある話がされていたら、たとえそれが遠い場所だとしても意識をそちらに集中し、話を聞き出すことができるのです。その現象を心理学では「カクテルパーティ効果」と呼んでいます。

アメリカで、このカクテルパーティ効果を実証する調査が行われました。

民主党と共和党の両方の選挙演説を被験者に聞かせ、その後で、被験者がどちらの演説をよりよく覚えているかということを検証しました。

すると、もともとその被験者が民主党支持者の場合は、民主党候補者の話の方により強く耳を傾け、内容もよく記憶していました。一方被験者が共和党支持者だった場合はまったく逆で、その被験者がよく覚えていたのは、共和党候補者の演説の方でした。そしてどちらの被験者も、**自分の支持しない政党の候補者の演説はほぼ上の空**で、内容を思い出すことも難しかったそうです。

要するに、人は自分が興味のある、魅力を感じる事柄に対しては集中して接し記憶力や理解力を発揮できますが、一方関心の無い事についてはほとんど無視と言っていいほど集中力を示さないのです。

中東の国トルコの東端に、ドゥバヤジットという町があります。

ドゥバヤジットはイランとの国境にあるとても小さな町で、ノアの方舟が流れ着いたとされるアララト山を近くに見ることができる風光明媚《ふうこうめいび》な場所ではありますが、それ以外に見るものはなにも無く、**1時間もいれば飽きる町**です。

私は国境を越える際にその町に滞在しましたが、必要にせまられて1泊しただけであり、アララト山を1枚写真に撮った後は宿にひきこもってひたすら暖炉の前でじーっと身を固めていました。なにしろたった1泊とはいえやることが無いにもほどがある、そして寒いにもほどがある(まだ積雪の激しく残る3月でした)、それはそれは辺鄙《へんぴ》でつまらない町でした。

さて、ところは変わり、トルコ随一の観光地イスタンブールの宿で、私はテツさんという日本人旅行者に出会いました。

久しぶりに会った日本人旅行者であり、私は珍しくも彼と打ち解けて懐かしい日本語の会話を楽しんでいたのですが、そのテツさんがなんとも奇特な話をしたのです。

なんとこのテツさん、イランからの国境を越えた後、ドゥバヤジットの町に**2週間も滞在していた**というのです。

山の写真を撮るくらいしかやることの無い雪の中の町、たった1泊するだけでもあまりにも時間を持て余す、**30分もいれば飽きる町**に、テツさんは自らの意思で2週間もいたというのです。

私はその話を聞いて、**爆笑しました。**世の中にはなんて物好きな人がいるんだろうと。この人は頭がおかしいいんじゃないだろうかと。

もちろん尋ねてみました。なんであんな町に、そこまで長くいたんですか？　と。

するとテツさんは言いました。

「あの町は建物がどれも独特な造りになってて、すっごくおもしろいんだよ。他の中東の町とも違うし、見ていたら全然飽きなくてさ。いつの間にか2週間たってたんだよね」

……………さらに話を聞いてみると、テツさんの職業は建築家であり、彼は旅をしながら世界中の建築物、そのデザインや構造を見て回っているということでした。

それを聞いて、私はガーーーン!!!　と、ジャイアント馬場さんの得意技である脳天唐竹割りを食らったような気分になりました。

実はドゥバヤジットというのは、建築のプロから見れば、２週間もの滞在に値する魅力的な町だったのです。その、見る人によっては最高に魅力的な町を、私は建築などなにも興味が無いがために、勝手な先入観で30分で飽きる町だと断定していたのです。

自分の中では、ドゥバヤジットの町並みなどただ右から左に流れ去る背景にすぎず、見所の欠片《かけら》も感じられない、歩くのも面倒くさい平凡な場所でした。しかし、私は自分の教養の無さからそこを平凡な町だと決めつけていただけで、実際はまったくそうではなかったのです。

私はその時思いました。自分はなんてつまらない旅の仕方をしていたんだろうと。

もし私自身に建築の知識や歴史の知識や宗教の知識や料理の知識、そういうものがあれば世界を旅するというのはもっともっと、格段に興味深いものになっていたはずです。ところが自分の知識不足のせいで、見る人が見れば立ち止まって何時間も眺めていられるであろうものを、私は旅の中で無数に無視してきたのです。

よく、人生というのは旅にたとえられます。

人生を旅とするならば、トルコでの経験と同じように、私は今までの人生で自分の教養の浅さのために、いったいどれだけの出会いをスルーしてきたでしょうか。

それは建築物かもしれませんし、景色かもしれませんし、経験かもしれませんし、本かもしれませんし、人かもしれません。

もしもっと自分に知識や教養や好奇心があれば、今までの人生でスルーしてきた出会いの中に、本来はあっと驚き感動することがいくつもあったはずなのです。

そしてそれは、きっとこれから先の人生でも同じだと思います。

もし今「人生がつまらない」と感じているのならば、私が国境の町をつまらないと感じたようにそれは自分の知識や好奇心の浅さのせいであって、今は人生の背景だと感じていることたちの中にも、見方を変えるだけで主役級におもしろく、興味深く見られるものはたくさんあるのではないかと思うのです。

そう考えれば、人生をおもしろくするもつまらなくするも、それは本当に自分次第だということになります。

もちろん知識や教養というのはすぐに身につけられるものではありません。しかしできれば人生のさまざまな事柄に対してカクテルパーティ効果を発揮できるように、毎日少しずつでもなにかを勉強し新しい知識を身につけ、日々通り過ぎる背景をただの背景ではなく大切な出会いにしていきたいものです。

興味があるものならば、ココロはとっさに拾う。

6章

断れないココロ

28 カニンガムの実験

我々が他人と関わりながら生活していく中で、避けて通れないのが「誰かに頼み事をする」という状況です。

人は1人では生きてゆけないもので、どんな人でも日々の暮らしの中で誰かに助けを求めたり、お願いをするという場面には必ず遭遇します。しかし、心理学の法則がもっとも威力を発揮するのが、その頼み事の場面でもあるのです。

まずは、**カニンガムの実験**というものをご紹介しましょう。

アメリカの心理学者、カニンガムが電話ボックスを使ったある実験を行いました。

まず、準備としてあらかじめ公衆電話のお釣りの返却口に、10セント硬貨を置いておきます。そして、電話を使おうとボックスに入った人物がその硬貨を発見し、「やった10セント拾った！　ラッキー！」と思ったところで、すぐ側を仕掛け人が通りかかり、持っていた書類をバサーッとばらまきます。

その時、10セント硬貨を見つけた人は、７割以上が書類を拾うのを手伝いました。しかし、電話の返却口になにも仕掛けなかった(10セントを拾わなかった)場合は、たった4割の人しか書類の回収を手伝ってくれなかったというのです。

ここからわかることは、人は「うれしい」とか「楽しい」とか、感情が良い方向に高まっている時には、他人に対して優しい気持ち、他人を助けてあげようという気持ちになるということです。

これを利用すれば、用事や援助を人に頼む時に、受け入れてもらいやすい状況を人工的に作り出すことが可能です。

たとえばあなたがある会社の課長だったとして、仕事を終えて帰ろうとしている部下に残業してもうひとつ書類を作ってほしいと頼みたいような時。そんな時は、まずは相手をうれしい気分にさせ、それからお願いをするのが良いでしょう。

うれしい気分にさせるのはなんといっても相手を褒めること、そして褒める時には先に勉強したドラマ効果や文章の高低差をたくみに使って攻めるのが良いです。たとえばこんな感じでしょうか。

「あれっ高木くん！　もう今日の仕事終わらせたの？　**ふお〜〜〜信じられない‼　なんという早さなんだっっ‼　まさに電光石火！　疾風迅雷‼　他の社員の働きがスローモー**

ション、いやコマ送りに感じられるほどキミの仕事はすさまじく早いっ!!　You are the fastest worker I've ever seen っ!!　すごすぎる〜〜〜〜〜〜〜〜っ!!!　…………ところで、もうひとつ書類を作ってもらいたいんだけど、お願いできるかなあ？」

と、ここまで褒め殺してからお願いをすれば、自尊感情を大きくくすぐられた高木くんは、きっと喜んで残業を引き受けてくれることでしょう。

ちなみにカニンガムは、人は「うれしい」「楽しい」といったプラスの感情だけでなく、逆に**罪悪感を抱いている時**にも、同様に他人に対して優しい気持ちになるということを実験で証明しました。

たしかに、これはたとえば今現在**浮気をしている人**などは、実感として納得できるのではないでしょうか。

私たちは、浮気をして罪悪感にさいなまれている時には、その後なぜか奥さんや彼女に対して必要以上に優しく接してあげたくなります。それは、私たちが浮気によって生じた罪の意識を、奥さんや彼女に親切にすることで穴埋めしようとしているからです。

まあ、「私たちは」って言っても、僕は違いますけどね！　僕はそもそも浮気とかしませんし。なんといっても僕は**まゆゆとゆきりん一筋**ですからね。決して他のメンバーに浮気なんてしませんから。

と言っても「まゆゆとゆきりん一筋」と、2人の名前を出している時点で「それは浮気だろう」と思われるかもしれませんが、それは違います。私はあくまで、**両方とも同時に本気で愛しているのです。**決して浮気みたいな浮ついた気持ちで好きになっているわけではないですよ。これだけ本気で2人を愛しているというのに、どこが浮気ですか。冗談じゃありません。たとえ相手が複数であろうとも、１人１人を浮気ではなく全力で愛する。それが私という人間なのです。

……………と私の深い愛を理解していただけたところで話を進めますが、心理学的にそのようなことが証明されているのであれば、同じく部下の高木くんに残業を頼みたい場合、今度は彼に罪悪感を持たせてから依頼をすればいいのです。

たとえば高木くんが「お先に失礼します〜」と立ち上がった瞬間、当たり屋のように故意に彼に接触しに行き、肩がドンッと当たったところでこちらは「うわっ！」と叫んで横に3回転くらい回って柱に額をぶつけて流血し、**「いってぇ〜〜〜〜〜〜〜〜っ!!!　頭いってぇ〜〜〜〜〜〜〜っ(涙)!!!　なんっという痛さなんだっっ!!　まさに七転八倒！　阿鼻叫喚《あびきょうかん》!!　2年前に患った尿管結石の激痛がチワワの甘噛みに感じられるくらい、今の衝突はすさまじく痛い〜〜〜〜〜〜〜っ(泣)!!!　This is the most painful pain I've ever experienced っ(号泣)!!!　痛いっ、痛くて死ぬっ、死ぬ〜〜〜〜〜うぐえっ、おぎょぎょ〜〜〜〜〜〜〜〜っっ(涙)!!!」**とまたもドラマ効果、文章の高低差や慣用表現などを最大限に利用して血まみれになりながら大暴れし、高木くんが「た、大変なことをしてしまった」

と罪悪感にさいなまれているところで「高木くん、私はもうダメだ。最後のお願いだ……ど うか、どうか書類をもうひとつ作ってから帰ってくれないか……」と頼めば、いくらなんで も彼も書類作りを引き受けてくれるでしょう。

さて、以上の点を踏まえると、ひきこもりから脱却し充実人生を目指す私が考えるべきこ とは、誰かに頼み事をする際にはまず「相手が今どういう気分であるかを見極める」という ことでしょうか。

人が他人に優しくしたくなるのは、うれしい時か、もしくは罪悪感を抱いている時です。 また浮気の話に戻りますが、たとえば私が将来奥さんにどうしても浮気を告白しなければ ならないような時…………、まあ、普通は浮気をしても**断じて告白はしないものですが**、た とえば病気をもらってしまったとか子供ができてしまったとか、のっぴきならない事情の時 には告知の覚悟もしなければならないでしょう。

そんな時は、まずはなにがなんでも奥さんの機嫌を取りたいと思います。仮に嫁さんの子 供の頃からの夢が「本物のオーロラを見てみたい」だったら、早速休暇を取って航空券を 手配し、一緒にスウェーデンまで行きます。そして夜空一面を虹色に包むオーロラの下で、 「嫁子《よめこ》、このオーロラなんかかすんで見えるほど、キミの方がずっとずっと綺麗だよ。**愛し てるよ嫁子。**…………ところで俺さあ、**部下の女の子と浮気して妊娠させちゃった☆　ごめ んちゃ〜い♪　うふっ♡**」とニッコリと告白すれば、笑顔の感染効果も相まって「もうっ、仕方ないわねえ（笑）」ときっと不貞の罪も許してもらえるはずです。

…………。

まあ、そもそも浮気なんて**するものではありませんよね。**私は今後もたとえ相手が何人であろうとも、浮気などではなく常に本気の愛を貫いていきたいと思います。

「うれしい」もしくは「罪悪感がある」と、ココロは他人にやさしくなる。

29 ドア・イン・ザ・フェイス

相手に頼み事をする時に、本当に頼みたいことは後回しにし、まずは**無理を承知で本命よりも大きな頼み事をしてみる**という方法があります。このテクニックを心理学では「ドア・イン・ザ・フェイス」と呼んでいます。

前項と同じく、部下の高木くんに残業で書類を作ってもらうためのお願いの仕方を考えてみます。

たとえば「高木くーん、帰るところ悪いけど、この書類も作っていってくれない?」とストレートに頼んだだけの場合、「すみません課長、ちょっとこの後予定がありますので」と断られる可能性があります。

そこで、最初にわざと大きな**「捨て頼み事」**を作るのです。まずは、

「高木くん……ちょっといいかな。実は今まで内緒にしていたんだけど、**私はゲイなんだ。**

それでな、高木くん、**私はキミのことが好きで好きでたまらないんだ。私の愛人になってくれないか？**」

　というように頼んでみます。

当然高木くんは驚き大慌て、いやいやそれは無理です課長!!　と拒絶の態度を取ることでしょう。そこですかさず、

「そうか……無理か……。わかった。キミのことは諦めるよ。それなら、**愛人になる代わりにせめてこの書類を作っていってくれないか？**」

　と本命の依頼をします。

するると高木くんにとっては愛人要請と比べれば「書類を作る」という作業は取るに足らないことに感じられますし、なおかつ最初の愛人要請を断ったことによる罪悪感もあるために、「そ、そうですか、書類作るだけならいいですよ」と依頼を受けてしまうのです。

　この本を読んでいるお子様のみなさんも、お父さんやお母さんにおもちゃをねだる時には、まずは本当に欲しいものよりももっと大きなものをねだってみましょう。

　たとえばラジコンカーが欲しい場合、最初から「2万円のラジコン買ってよー」と頼むと、「そんな高いもの買えるわけないだろ！」と即却下の可能性があります。そこでまずはラジコンより大きい、「捨てねだりごと」を出すのです。「買って～！　ねえ買ってよ～～!!」「なにを買ってほしいんだ？」「ねえ買って～！　**1億5千万円のフェラーリ買ってよ～～!!**」「**ぶ**

ぼ〜〜〜っっ（飲んでいたお茶を吹き出した音）!!!」と、お父さんが動揺したところで「ダメ？……じゃあ2万円のラジコンで我慢するよ。ラジコンでいいから買ってよ〜」と**妥協案（しかし実は本命）**を示せば、値段はなんと7500分の1になっているわけですから、お父さんも割安感を感じてめでたくラジコンを買ってくれるはずです。

ドア・イン・ザ・フェイスの効果は、実験でも証明されています。

アメリカの心理学者チャルディーニが、自分の受け持つ学生に唐突に「今度、2時間かかる研究につきあってくれないか？」と頼んだところ、引き受けた学生はたったの17％しかいませんでした。ところが、まず「これから2年間、週に2時間ずつ研究につきあってくれないか？」と頼み、ほとんどの学生に断られた後で「じゃあ1回だけでいいからつきあってくれ！」と「2年」から「2時間」に期間を変更したところ、今度は半分以上の学生が承諾したのです。

こちらが要求を小さくすれば、相手はこちらが「譲歩した」と捉えます。譲歩というのは優しさ、好意であるとも認識できますので、好意の返報性が働き「じゃあこっちも譲歩してそのくらい引き受けてやるか」と相手に思わせることができるのです。

なお、ドア・イン・ザ・フェイスという言葉の由来は、「目の前でドアをバタンと閉める（閉められる）」というところから来ています。最初にそのように拒絶されるような要求をしておいて、その後で小さな要求に切り替えて、相手にドアを開けさせるというわけです。

では今度は、大人男子用にこんな場合も考えてみましょう。

最近なんでかよくわからないけど、**無性にパンツが見たくなる。**パンツが見たくて見たくてたまらない。特に会社の同僚のカナちゃん、あのかわいいカナちゃんのパンツが見たくてたまらない!!

というような禁断症状が現れているスケベ男子がいるとします。

そんな時、カナちゃん本人に対して「カナちゃん、**パンツ見せてくれない？**」といきなりお願いしたらどうでしょう？　はたしてそれで無事にパンツを見せてもらえるでしょうか？

………いえ、そんなわけがありません。そんなわけありませんし、いきなり「パンツ見せてくれ」なんて頼む男は確実に変態だと思われます。

そこで、このドア・イン・ザ・フェイスですよあなた。

まずカナちゃんに対しても、**大きな捨て頼み事**をするのです。最初はパンツではなく、「ねえねえカナちゃん、悪いけど、**おっぱい揉ませてくれない？**」と頼んでみましょう。

もちろん激しく拒絶されるでしょうが、その拒絶は**想定済み**です。そこで今度は「わかったよ。**じゃあおっぱいを揉むのは諦めるから、その代わりにパンツだけ見せてよ**」と**小さな要求**をすれば、これはカナちゃんも一度おっぱいを拒絶しているという罪悪感もあって「仕方ないなあ。パンツくらいならいっか」という気持ちになり、スカートをチラチラとご開帳してくれるに違いありません。ぜひみなさんもやってみてください。

まあしかし、いきなり「パンツ見せてくれ」なんていう男は変態ですが、**いきなり「おっぱい揉ませてくれ」という男はもっと変態**ですし、下手をしたら「おっぱい揉ませて」と言った時点で通報され、**パンツの要求に移行する前に取り押さえられてしまう**という可能性もあります。もし読者のみなさんがこの作戦を実行して捕まってしまったら、その時はすぐに私にお知らせください。お見舞いの言葉を述べさせていただきます。

さて、以上の点を踏まえると、ひきこもりから脱却し充実人生を目指す私が考えるべきことは、誰かに頼み事を承諾してもらいたかったら、**まずは狙いよりも大きな「捨て頼み事」をして、それが拒否された時点で初めて本命の頼み事をする**ということです。

今しがた「おっぱい揉ませて」からの「パンツ見せて」という事例を出しましたが、実際はパンツ見せてというのはまだまだハードルが高い要求なのかもしれません。ならば、今度は**「おっぱい揉ませて」から「今度ごはんでもどう?」への切り替え**ならチャンスはあるのではないでしょうか?

………………いや、でもなんか「おっぱい揉ませてくれない?」から「ダメ? じゃあせめて今度一緒にごはんでもどう?」と切り替えるくらいなら、**なにも無しでいきなり「ごはん行こうよ」と誘った方がずっと承諾率は高そうな気がしますけどね。**

まあそれなら最初の要求をもうひと工夫して、たとえば「ねえカナちゃん、今度2人で**スペインまで本場のパエリア食べに行かない?**」と誘ってみて、それが断られたら即座に「じゃあ渋谷においしいスペイン料理の店があるんだけど、そこに行こうよ！」と要求を下げれば、「まあ渋谷くらいならいっか」と許可が出る可能性があるのではないでしょうか。

他の法則と同じくドア・イン・ザ・フェイスも使用する時にはバランスが非常に大事ではありますが、ぜひ私も今後オリジナル頼み事パターンを作成して、日々の交渉に挑んでみたいと思います。

急にハードルを下げられると、ココロはつい飛び越えてしまう。

30　フット・イン・ザ・ドア

前項では「本命の依頼をする前に大きな『捨て頼み事』をする」というドア・イン・ザ・フェイスをご紹介しましたが、それとは真逆で、最初に**本命よりも小さな依頼から入る「フット・イン・ザ・ドア」**というテクニックがあります。

これは、セールスマンが家庭を訪問する際に、ドアのすき間からまず足だけ差し入れてしまい、そこからだんだん大きくドアを開かせるという作戦に由来した言葉です。

アメリカでこんな実験が行われました。

家庭訪問をして、「家の前に交通安全のためのステッカーを貼らせてくれませんか？」とお願いします。ほとんどの家庭で「ステッカーくらいならいいよ」と許可を得ることができましたが、次はしばらく後にまた同じ家庭を訪ねて、「家の前に交通安全に関する看板を立てさせてくれませんか？」と要求しました。すると、看板ほどの大きなものにもかかわらず、これまたほとんどの家庭でＯＫが出たのです。

これは、一度承諾したことに対して**自分の行動に一貫性を持たせたい**という気持ちから来ている行為です。

デパートなどで試食や試飲、試用をしてしまうとなんとなくその商品を買わないと悪い気になる、もしくは買ってしまう、というのもフット・イン・ザ・ドアが効果的に使われている例です。「試食をどうぞ」という小さな依頼を受けてしまうと、「商品を買ってください」という大きな依頼もついつい拒否できなくなってしまうのです。

私が以前短期間お付き合いしていた女性も、私に最初に要求してきたプレゼントは村上春樹の新刊やダッフィーのぬいぐるみ程度の小さなものでしたが、次第にニンテンドーＤＳや「寝ている間に美肌に変身できるナノケア美顔器」など大きなプレゼントの要求へと移行し、**そのすべてを見事に獲得していきました。**

これがもし最初から高価なナノケア美顔器を要求されていたら、さすがの私も購入を渋っていたことでしょう。実にうまいやり方ではありませんか。これこそまさに心理学を知り尽くした**上級者が使うテクニック**であり、ナノケア美顔器を手に入れた時点で彼女が私の前から姿をくらましてくれたからよかったものの、あのまま翻弄《ほんろう》され続けていたら私は借金して1億5千万円のフェラーリでも買わされていたかもしれません。ああ考えただけでも恐ろしい。…………いや、まあ私にはそんなに借金できる担保も無いので、彼女的にも**「この貧民**

からむしり取れるのはこのくらいが限度だろう」と見切りをつけたからこそ去っていったのかもしれませんけどね。ははっ。

さて、このテクニックを使えば、たとえばある会社の課長が本当にゲイだったとして、「なんとか部下の高木くんを愛人にしたい」という願いも次のようにかなえることができるでしょう。

フット・イン・ザ・ドアの基本は「まずは小さな要求から」ですから、とりあえず最初は昼休みに「高木くん、一緒に昼ごはん行こうか？」とランチに誘いましょう。上司からの誘いでもありますし、高木くんも「まあランチくらいならいいか」と思うはずです。

そこでランチを済ませたら、次の要求への移行です。別の日に「高木くん、よかったら今夜一杯どうだい？」と今度は飲みに誘います。上司からの誘いでもありますし、高木くんも「まあ飲みに行くくらいいいか」と思うはずです。

そこで飲みを済ませたら、また別の日に「高木くん、今度私の家に来ないか？　ぜひうちで飲もうじゃないか」と誘います。上司からの誘いでもありますし、高木くんも「まあ家で飲むくらいいいか」と思うはずです。

そこでついに高木くんが家にやって来たら、今度は一緒に飲みながらチャンスをうかがって「高木くん、せっかくだし、**手をつないでもいいかな」**と誘いましょう。上司からの誘いでもありますし、高木くんも**「まあせっかくだし手をつなぐくらいいいか」と思うはずです。**

そしてしばらく手をつなぎながら語らい過ごしたら、次はタイミングを見計らって「高木くん……………、**チューしてもいいかな？**」と呼びかけましょう。上司からの誘いでもありますし、高木くんも**「まあここまできたらチューくらいいいか」と思うはずです。**

（中略）（中略）（中略）（中略）

そして翌朝…………、高木くんがブラインドから差し込む朝陽のまぶしさに目覚めると、隣で自分と同じく全裸姿で横たわっている課長が「昨日のおまえ、すごくよかったよ」と抱きしめ、頭をなでてくれるのです。

……………**まあそれはそうと、**いったん頭を切り替えまして、フット・イン・ザ・ドアと似た手法で、もうひとつ「ローボールテクニック」というものがあります。

ローボールテクニックというのは、**一度引き受けた頼み事は、後から条件が変わっても断り難くなる**という法則です。

心理学者のチャルディーニが、学生に「研究のために朝７時に大学に来てくれないか？」と頼んだところ、承諾した学生はわずか３分の１でした。ところが、まず「研究に協力してくれないか？」とだけ依頼し、それに承諾を得たところで「実は研究は朝７時からなんだ」と事後に条件を示した場合、半分以上の学生が研究への協力を引き受けたというのです。

つまり、ここでも人は自分の行動に一貫性を持たせたいため、「引き受けた以上は責任を取らないと」という心理が働き、後から悪い条件を付け足されても返事を変えられないのです。

なお、ローボールというのは低い球のことで、キャッチボールやバッティングの時に捕りやすい(打ちやすい)低い球をまず投げることによって、次に高い球が来ても相手は対応できるようになる(対応させせられてしまう)ということを意味しています。

たとえば結婚した後で旦那さんがDV男だとわかってもなかなか離れられないのもそのせいですし、私たちが **「大人のお風呂」みたいなお店** に行って、入店しておしぼりを出され、さらに女の子も指名したところで **想定より2倍くらい高い金額** を請求されても、**「ちょっと待って、入浴料1万5千円って書いてあったじゃん!! 指名料2000円足しても1万7千円のはずでしょ!! なんで3万円も払わなきゃいけないのっ!! おかしいって!!!** ………でもなあ、ここまで来て今さら帰るわけにもいかないし、まあ仕方ないか」としぶしぶ3万円を支払ってしまうのもローボールテクニックに見事にはめられてしまっているせいです。

うーん……。**なんの話なのかよくわかりませんね。**

さて、以上の点を踏まえると、ひきこもりから脱却し充実人生を目指す私が考えるべきことは、誰かに頼み事を承諾してもらいたかったら、まずは狙いよりも小さな頼み事から入り、それを承諾してもらってからいよいよ本命の頼み事をするということでしょう。

前項ドア・イン・ザ・フェイスではカナちゃんを食事に誘うために「スペインにパエリア食べに行かない?」からの「じゃあ渋谷でどう?」というパターンを考えてみましたが、反対に「スペイン旅行のお土産買ってきたんだけど、食べる?」「今日はみんなでランチミーティングをしようか?」「あれっ、今帰り?　奇遇だね。ちょっとそこでコーヒーでも飲んでいかない?」などと小さな接触から入り、そこから徐々に「2人でのごはん」につなげていくという方法もあると思います。

どちらかというと、最初に大きな要求から入るドア・イン・ザ・フェイスよりも、こちらの方が実用性はあるかもしれませんね。

少しずつハードルを上げられると、ココロは少しずつ飛び越えてしまう。

31 フレームの調整

オリンピックの陸上競技に出場し、決勝まで進んだけれど決勝レースでは8名中の最下位になってしまった選手がいるとします。

その時、その選手のことを説明する方法は2通りあります。

ひとつは、「彼はオリンピックに出たんだけど、決勝でビリになっちゃったんだよ」という表現。もうひとつは、「彼はオリンピックに出て、世界で8位になったんだよ」という表現。

どちらがより肯定的な言い方かはもちろんわかりますよね。そう、後者の方です。

両方とも同じことを説明しているのですが、その表現方法によってこちらが受ける印象は大きく変わってきます。

このように、ある事柄を事実は変えずに別の意味づけをして言い直す時、これを文章や言葉の**「フレームを変える」**と言います。

このフレームの使い分けが、時として依頼事やお願い事を相手に承諾してもらえるかどうかの成否に関わってくることがあります。

いきなり庶民的な例えになりますが、レストランでトンカツなどの揚げ物を注文した時に、店員さんにこんなことを言われることがあります。

「トンカツは揚げたてをご用意しますので、5分ほどお時間いただけますでしょうか？　ニコッ♪」

そう言われたら、こちら客の側としても「そうそう、やっぱりカツは揚げたてに限るよなあ！　そこまでこだわって作ってくれるんなら、少しくらい時間がかかっても俺はおいしいカツを待つぜ！　ニコッ♪」と協力してあげたい気持ちになるものです。

それがもし店員さんがフレームの使い方を間違え、

「(渋い顔で)すみません、トンカツはちょっと時間かかっちゃうんですけど、いいですかねぇ……？」

というふうに来たらどうでしょう。

そのネガティブな表現に対しては、こちら客の側としても「(渋い顔で)なんだよ時間かかるのかよぉ、こっちも急いでるんだけどなあ。早くしてくれよ！」と、ネガティブな気分になることでしょう。

このように、なにかを相手に伝える時には常にフレームを意識し、なるべくポジティブな表現で、そして笑顔を加えて話すことが大事なのです。「春闘で3千円の昇給が決まった」ということを部下の高木くんに承諾してもらいたかったら、「(申し訳なさげに)ごめん高木くん、給料3千円しか上がらなかったよ……」ではなく、「高木くん！　やったよ！　3千円の昇給を勝ち取ったよ!!　ニコッ♪」と伝えれば良いのです。

とにかくほとんどの物事は、言い方、考え方によってプラスにもマイナスにも受け取れるものです。小さなトマトは、ただの小さなトマトではなく**大きなプチトマト**だと思えばいいのです。「最近ちょっと髪が薄くなってきた人」は、ただの「最近ちょっと髪が薄くなってきた人」ではなく、**毛深い坊主**だと思えばいいのです。太っている人は、ただの太っている人ではなく**小さな横綱だと思えばいいのです（意味不明）**。

ちなみに、このフレームの言い換えでよく登場するものとして、「プロ野球選手の例え」があります。

ある野球選手のことを「10回に7回失敗する人」と言ってしまうとダメな選手に聞こえますが、「この人は3割バッターなんだよ」と言うと急に名プレイヤーに感じてくるものです。これが転じて、私たちがなにかを失敗して落ち込んでいる時に、「たった1回失敗したくらいでなんだよ。**野球選手なら、10回中3回成功するだけで名選手なんだぞ！**」というように「野球選手なら」という表現で慰められることがたまにあります。

しかしこれに限っては、私個人的にはあまり納得のいく慰め方ではないのです。

だって、10回中7回失敗しても許されるのは、野球選手だからこそです。一般的な職業の人は野球選手とは全然違います。

たとえばあなたの家の近所に中華料理屋さんがあるとして、そこのチャーハンが10回注文したうちの3回しかおいしく出てこなかったら、その食堂に通い続けたいと思うでしょうか？　**10回中7回は不味いチャーハンが出てくるんですよ？**　それを「大丈夫、野球だったら3割で名選手なんだから！」と言って料理人と自分を励まして通い続けようという気持ちになるでしょうか？

もっと切迫した状況、たとえばあなたがなにか重大な手術を受けることになったとして、執刀医が「心配しないでください。**私は3割バッターですから。3割以上の確率で手術は成功させますからね**」と、さも自分は名医だと言わんばかりに自信満々に宣言されても、それであなたは励まされるでしょうか？　いえ、むしろ**執刀医を変えてくれ**という気持ちになりますよね。

「寝てないアピール」でも登場した機長の場合も同じです。あなたの乗った飛行機が離陸する直前、「みなさま、本日はご搭乗ありがとうございます。機長を務めさせていただく田中と申します。みなさま、なにを隠そう私は今まで**4割以上の確率で着陸を成功させてきた、全盛期のイチローをもしのぐ成績を持つ男でございます。どうぞご安心しておくつろぎくださいませ**」というアナウンスが流れてきたらどうでしょう。そんな飛行機に乗っていたいと思うでしょうか？　いえ、むしろ**機長を変えてくれ**という気持ちになりますよね。

このように、「野球選手なら3割で名選手なんだから」という慰めは、野球選手じゃない一般の人々に対しては全然慰めにならないと思うのです。野球選手以外のほとんどの職業の人は、仕事の成功率が3割じゃあ**解雇が濃厚**ですから。まあ、4割しか着陸に成功していない田中機長の場合は、**4割しか着陸に成功していないのにまだ生きている**ということがすごいことだとは思いますが。不死身の機長だという点だけは、たしかにすごいです。

さて、以上の点を踏まえると、ひきこもりから脱却し充実人生を目指す私にとって大事なことは、頼み事にせよ、励ましの言葉にせよ、慰めの言葉にせよ、どんな場合でも**伝えたい言葉をポジティブなフレームに変える**ということだと思います。

これも実際に行われていることですが、コンビニエンスストアなどでのトイレの張り紙は、「トイレを汚さないでください」よりも、**「いつもトイレを清潔に使っていただきありがとうございます」**とする方が、その言葉がお客さんの心に響き実際にトイレがキレイに保たれる確率が高くなるそうです。

友人が転んで骨を折って入院したら「人生の夏休みだと思ってゆっくり休めよ！」と励まし、離婚して落ち込んでいる人には「また新しい恋を始めるチャンスができていいな！」と励ます。それで痛みや悲しみが大きく癒やされるわけではないとしても、ポジティブな言葉とポジティブな表情は、発する方にも受け取る方にも多少なりともポジティブな空気を作り出すはずです。

そうして言葉や考え方のフレームを常にプラスのものに変え続けていけば、人生のフレームだって、いつしかポジティブなものに変わっていくと思うのです。

言葉のとらえ方次第で、ココロは別の光景を見る。

32 理由付けのお願い

人に頼み事をする時に使える心理学の法則を学ぶ中で、私が一番驚いたのが、**「人は理由つきでなにかを頼まれると、その理由がどんなものであれ、頼みを断りにくくなる」**という法則でした。

具体的にどういうことか、実験を参照してみることにしましょう。

ある図書館で、コピー機の順番待ちに並んでいる人に対して「どう頼めば先にコピーを取らせてくれるか(割り込ませてくれるか)」という検証が行われました。

まず、なにも理由をつけずにただ「すみません、先にコピー機を使わせてもらえませんか?」と頼んだ場合、承諾してくれた人の割合はおよそ6割だったそうです。その6割というのも意外に多く感じますが、次はそこに理由をつけて、「すみません、**急いでいるので**、先にコピー機を使わせてもらえませんか?」とした場合、今度は9割以上の人が許可してくれたというのです。

図書館という場所柄でしょうか、良い人が多いのですね。

しかし問題はここからです。今度はこれまた理由をつけて、しかしその理由は**特に意味の無いもの**にして、「すみません、**コピーを取らなきゃいけないので、先にコピー機を使わせてもらえませんか？**」と言った場合、なんとこれでも**９割以上の人が割り込みを許してくれた**というのです。

この実験結果にはみなさんも驚かれるのではないでしょうか。なにしろ「急いでいるので」ならまだしも、「コピーを取らなきゃいけないので」って**それは当たり前でしょうよ**。だってそこに並んでいる人はみんなコピーを取るためにコピー機に並んでいるのです。まさかコピー機でピザ生地を挟んで広げるために並んでいる人はいないでしょう。

しかし、その当たり前というか**意味のわからない理由**でさえも、なにも理由をつけないよりも割り込み承諾率が３割も高くなったのです。

ここからわかることは、冒頭で説明した通り「人は理由つきでなにかを頼まれると、それを断りにくくなる」ということです。しかも、**その理由は筋が通っていなくても、なんでもいいのです。**

たとえば同じくコピーの列に割り込みたい場合、「すみません、今日は天気が良いから先にコピー機を使わせてもらえませんか？」でもいいですし、「ちょっといいかしら。私ってとっても美人だから先にコピーさせてもらえるかしら？」でもいいですし、「すみません、**僕、顔が大きいから先にコピー機を使わせてもらえませんか？**」でもいいということになります。

まあ美人は後光のせいで溺れていても燃えていても優先的に助けられるものですから、コピー機を先に使えるのもわかります。しかし天気が良いからとか、顔が大きいからというのは明らかにおかしな理由です。「顔が大きいから先にコピーさせてください」と言われたら、おそらく私だったら「あっそうですか！　顔が大きいんですね？　まあそれはそれはお困りでしょう。どうぞ遠慮なく先に使ってくださいねって**関係ないやろうがボケっっ!!!　なんじゃその意味わからん理由っ!!　顔がでかかろうがブサイクだろうがそんなもん知らんわっ!!　ちゃんと順番を守らんかいワレッ!!!**」と下品なノリツッコミで怒鳴り散らしてしまいそうです。

しかし実際は、「コピーしたいから先にコピーさせてくれ」というジャイアンなみの筋の通っていない理由でも9割の人が許可してしまっているのですから、私もその場面に遭遇してみると反射的に「いいですよ」と答えてしまうのかもしれません。

それなら、女性に告白する時だってただ「僕とつきあってください」と言うよりも、とにかくなんでもいいから理由をつけた方が受け入れてもらえる可能性は高くなるはずです。

たとえば、理由なしでただ告白するよりも、「あの、**あなたのおっぱいを揉みたいので僕とつきあってくれませんか？**」の方が、ＯＫをもらえる確率は高くなるということです。結婚のプロポーズも、ただ「結婚してください」よりも、「あの、僕もう結婚できるんなら**女性なら誰でもいいので、僕と結婚してもらえませんか？**」の方が承諾してもらえる確率は高くなるということになります。「そんなバカな」と思われる方もいるかもしれませんが、なにしろこれは実験で証明されている事実なのですから、反論の余地はありません。

……………。そんなバカな(笑)。

ともかく、以上の点を踏まえると、ひきこもりから脱却し充実人生を目指す私が行うべきことは、これはもうそのまま、**人になにかを頼む時には、必ずなんらかの理由をつけて依頼する**ということですね。

「コピーを取りたいから先にコピーを取らせてください」というと変ですが、部下の高木くんに書類を頼む時に**「キミにやってほしいから、書類を作ってくれないか？」**と言ってみると、なんだかそれは特別なお願いという雰囲気が漂い、高木くんにも引き受けてもらえそうな気がします。

たしかに、「僕とつきあってほしい」「僕と結婚してほしい」よりも、**「キミのことが好きだから、**僕とつきあってほしい」**「キミとずっと一緒にいたいから、**僕と結婚してほしい」、そうやって理由をつけた方がやっぱり相手にも喜んでもらえそうですね。

まあ当然あまり筋の通っていない理由は避けるべきでしょうが、よく考えてみれば「キミのことが好きだから、僕とつきあってほしい」というのは、「コピーを取りたいから、コピー機を使わせてほしい」というのと文章の方向性はたいして変わらない気もします。ということは、「好きだからつきあってほしい」というのも、実は「コピーを取りたいからコピーさせてほしい」と同じような、ジャイアン的な身勝手な頼み方なのかなあともなんだか思ってしまう今日この頃です。

さて、最後に、ここまでの各章の内容を組み合わせ、部下の高木くんに書類の作成を依頼する際の**もっとも効果的なお願いの仕方**を考えてみました。こんな具合でどうでしょう？

「高木くん!!　キミの仕事はなんという早さなんだ〜〜〜〜っ!!!　まさに天下一品!!　空前絶後!!　Extremely impressive っ!!!　他の社員の働きがコマ送りに感じられるほど、キミの仕事は早い〜〜〜〜っ!!　……………ところで俺はゲイなんだけど、愛人になってくれないかい？　えっ、ダメ？　それじゃあ仕方ない、愛人になる代わりに、キミに書類を作ってもらいたいから書類を作ってくれないか？」

これなら絶対確実、間違いありません！　……と思います。

理由を言われると、ココロは断りにくくなる。

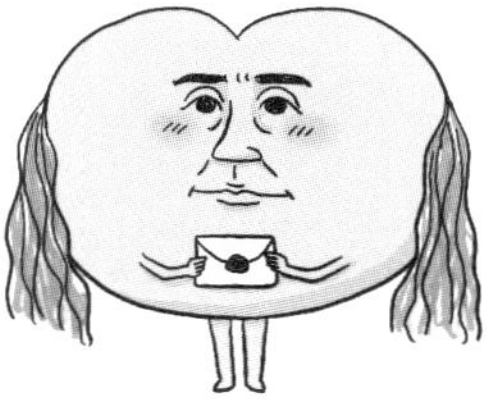

33 ベンジャミン・フランクリン効果

人になにかを依頼し、やってもらうという行為はこちら側だけにメリットがあることのように感じられますが、時と場合によっては、頼み事は苦手な相手との仲を取り持つための有効な手段にもなり得ます。

アメリカに、ベンジャミン・フランクリンという政治家がいました。

彼は現在１００ドル紙幣に肖像画が描かれているほどの有名な政治家なのですが、過去、州議会議員だった時代に、同じ議会に彼のことを非常に毛嫌いしている人物がおり、その対応に苦慮していました。

その議員はなにかとフランクリンの思想や政策にケチをつけ、常に敵意をむき出しにしてくるため、フランクリンはなんとか相手との関係を改善できないかと思案し、一計を案じました。

ある時、敵対する議員が入手困難で貴重な本を持っているという噂を聞きつけたフランクリンは、彼に「その本を私も読みたいので、できれば数日間貸してもらえないでしょうか」と手紙を書いたのです。

丁寧にお願いをしたからか、フランクリンは無事に相手の議員からその貴重な本を借りることができました。そしてしばらくたって、今度はその本を返す時、フランクリンはまた手紙を書きました。本を借りる時よりもさらに丁重に、盛大に感謝の言葉を並べて本と一緒に手渡したのです。

すると、次に議会の場で顔を合わせた時、今までフランクリンのことを毛嫌いしていたはずの議員が自ら彼に近づき、物腰柔らかに話しかけてきたというのです。

もちろん、そんなことはそれまでで初めてのことでした。しかしそこで打ち解けた2人は、今までの関係が180度裏返ったかのように仲の良い友となり、その友情は生涯続いたということです。

………このことから、苦手としている人物やそりが合わない人物になにか頼み事をし、それによって相手との距離を縮めるというテクニック、それを彼の名前そのままに「ベンジャミン・フランクリン効果」と呼ぶようになりました。

「テクニック」と書いてしまうとなにやら策略めいた、腹黒いやり方な気がしてしまいますが、その結果作られた友情は本物なのですし、ただ頼み事をするだけという簡単な方法で敵を味方にしてしまえるのなら、フランクリン効果は人間関係の構築においてとても有効な法則だと言えますよね。

先のフランクリンと敵対する議員とのやり取りに隠された心理というのは、相手の議員からすれば丁寧な手紙を何度ももらったということで好意の返報性が働いたということもありますし、人は自分の行動に一貫性を持たせたい生き物ですから、自分が本を貸してあげたということによって「本を貸してあげたということは、自分はフランクリンに対して親切心を持っている、つまりフランクリンのことを良く思っているのだ」と心の無意識の部分が考えるようになったということもあります。

一般的には、人は苦手な相手とは自然に距離を取ろうとしてしまうものですよね。

しかし、フランクリンが行ったことはそのまったく逆の行動でした。敵と距離を置くのではなく、むしろ極限まで近づいてしまうのです。

この法則がいかに効果的であるかは、試しに剣術や格闘技などの戦いの場面に置き換えて考えてみるとわかりやすいと思います。

敵対する侍同士が対峙《たいじ》する時に、そこに一定の間合いがあれば2人は剣を抜き、斬り合いをすることができます。

ところが、これが片方の侍がおもむろに相手に近づき、「わしはおまんのことが大好きじゃきに！」と相手に抱きついてしまったらどうでしょう。その0《ゼロ》の距離、密着している状態では相手は剣を抜くことができません。

ボクシングの試合でもそうですね。片側が相手に抱きついている、クリンチの状態では抱きつかれている側はうまくパンチを繰り出すことができません。

これが普段の人と人との関係にも応用できるのです。自分を敵対視してくる、苦手な相手には自ら近づいていき、**心の距離を無くしてしまう**のです。心の距離が0《ゼロ》になれば、相手はこちらに対して心の剣も抜けなければ心の拳も振り上げられません。せいぜいできることは、**こちらを抱きしめ返すことくらい**です。

「敵対する」というまではいかなくとも、苦手な人が1人もいないという人は世の中にはあまりいないでしょう。それならば、その苦手な相手に対してはこのベンジャミン・フランクリン効果を使って、あえてなにか頼み事をしてみたらどうでしょうか？　そして頼み事を引き受けてもらった暁には、丁重なお礼をするのです。そうすることによって相手への心の距離を0《ゼロ》に、心のクリンチを狙うのです。

もし手ごわい敵がいたとして、その手ごわい敵が味方になってくれたらどれほど心強い仲間になるでしょう。

人間関係を勝ち負けで表すのなら、「敵対している人間に勝つ」ということだけが勝ちではないと思うのです。それよりも、「敵対している人間を味方に変える」ということ、それこそが真に敵に勝つということではないでしょうか？

敵を10人倒しても、後に残るのは自分1人だけです。でも敵10人を味方に変えれば、10人もの頼もしい仲間ができるのです。1人で強がって孤独に生きていくよりも、10人の仲間とワイワイやっていく方が、人生はきっと楽しくなるはずです。

抱きつかれると、ココロは丸くなってしまう。

7章 すぐ熱くなるココロ

34 バンドワゴン効果

映画館に映画を見に行った時、本編上映前に新作の予告編を見ていると、その予告シーンの最初や最後に**「全米No．1ヒット!!」**という文句が派手に躍ることがあります。というか、大抵のハリウッド映画にはこの「全米No．1!!」というコピーがついてきます。なぜNo．1がそんなにたくさん存在するのかというのはまったく不可解な話ではありますが、それはさておきこのコピーには「この映画は全米でNo．1になるほどたくさんの人が見ているんだよ。それほど人気の作品なんだよ。だからぜひあなたも見なよ！」というメッセージが込められています。

このように、ある商品や作品を「これは売れていますよ！　大人気ですよ！」と大々的にアピールし、その勢いにお客さんを巻き込んで「それなら私も！」と商品を買わせてしまう方法、これを**「バンドワゴン効果」**と呼びます。バンドワゴンというのは、ディズニーランドのパレードで登場するような派手でにぎやかな車のことです。

日本ではドラマチックな韓国映画も人気ですが、その韓国映画のうたい文句でよく見られるのが**「500万人が泣いた！」**というようなフレーズです。これも、お客さんに「そんなにたくさんの人が泣くほど感動したのか！　じゃあ僕も見てみよう！」と思わせる効果があります。

ただ私のようなひねくれ者は、「500万人が泣いた」って**いったいどうやって数えたんだよおまえ**、とイチャモンをつけたくなってしまうのですが、世の中の大多数の人はひねくれていない誠実な方ですので、「500万人もの大人数が泣いた作品」という文句はとても効果的な宣伝になるのです。

まあ、実際のところは500万人が泣いたというか**「のべ500万人の人が見た」**という表現が正解で、**見た人を全員泣いたことにしてしまっている**という少々ズルいやり口が垣間見られますが、まあそんなふうに映画業界にケチをつけるのはとても度量の狭い人間がやることでございます。

そして私はまさにその度量の狭い人間ですのでもうひとつ言わせていただきますと、ハリウッドのアクション映画でよく聞くセリフとして、**「人質は合衆国全体だ‼」**というものがあります。テロリストなどの悪いやつになにか**核的なものや毒的なもの**を奪われた時に政府要人などが叫ぶセリフなんですが、これも具体的に「もし実際にその武器が使われたらどのくらいの人が死ぬだろうか？」と数えてみると、**本当に人質になっているのはせいぜい1万人やそこら**の場合が多いです。しかし「やばい！　1万人くらいの人が危ないぞ！」と現実的なことを言うよりも、「人質は合衆国全体だ!!」と声高に叫ぶ方が見ている人の気を引きやすいので、あえて大げさなセリフ回しをするわけです。そしてそのシーンが予告編やテレビのCMなどで流れれば、それは立派なバンドワゴン効果となります。

さて、派手な宣伝文句の商品といえば、映画から離れて飲食の業界に目を移しますと、ジュースなどで**「1本でレモン100個分のビタミンC!!」**というような文言を目にすることがあります。

これはバンドワゴンとは少し異なりますが、「100個分」という数字の具体性と数の大きさで、その商品のイメージをアップさせる効果があるのです。

私たちは、「100個分」ですとか「500万人が泣いた」というように**具体的な数字を出されると、その対象から説得力を受けやすくなる**という傾向があります。

こんな実験があったそうです。

ある心理学者が、「非行少年は、大人になるとその多くが犯罪を犯す」という文章と、「非行少年は、大人になると10人中8人が犯罪を犯す」という2つの文章を学生に読ませました。すると「10人中8人」と具体的な数字を使って表現した文章の方が、ずっと学生たちに与える説得力が高くなったというのです。

ちなみに、先のジュースの場合は、「１００個」という具体的な数字の他に、「レモン」という言葉の持つ爽やかなイメージもやはり商品の印象を高めることに貢献しています。これは**「レモン」という果物のハロー効果を利用している**と言えます。ビタミンＣを含む食べ物は世の中には数多くありますが、言葉の印象を考えると、ここではあえてレモンを選ぶことに意味があるのです。

ちなみにレモン１個に含まれているビタミンＣはおよそ20㎎で、もやしの場合は１００ｇに対して10㎎前後らしいですが、これを「１本でレモン１００個分のビタミンＣ!!」ではなく、**「１本でもやし20㎏分のビタミンＣ!!」**とやると、たしかに「もやし20㎏」という分量はすさまじいボリューム感がありますが、**そこに爽やかさは無いですよね。**同じ飲み物であるのに、「レモン１００個分！」と言われると飲みたくなりますが、「もやし20㎏分!!」と言われると**全然飲みたくないです。**

同じように、栄養ドリンクで「タウリン１０００㎎配合!!」と大々的に宣伝している商品がありますが、これも「１０００㎎！」と具体的な数字を出すことで消費者に与える説得力が高まっています。

しかも、この場合は**あえて桁数を大きくしている**ところが鍵なのです。１０００㎎というのは１ｇのことなので、正確な単位の使い方をするならばここは**「タウリン１ｇ配合!!」**とするべきなのですが、まあそうすると**なんかしょぼいですよね。**やはり「１ｇ！」よりも

「1000mg！」とした方が消費者は「タウリンがなにかはわからないけど、とにかくなんかすごそうだぞ」とだまされて、いや、好印象を受けてその商品を買ってしまうわけです。

ちなみにタウリンは食べ物で言えば主に魚介類に豊富に含まれているそうで、レモン○個分のように表現すると、タウリン1000mgですとおおむね**「ヤリイカ半杯分のタウリン配合!!」**ですとか、**「サンマ5匹分のタウリン配合!!」**ということになるようです。

うーん。やっぱり表現を変えると、**途端に飲みたくなくなりますね……**。こうして見ると、その商品にどのようなキャッチコピーをつけるかがいかに重要なことかというのがよくわかります。

さて、以上の点を踏まえると、ひきこもりから脱却し充実人生を目指す私が考えるべきことは、なんらかの商品や作品の良さを誰かに伝えたかったら、それを**具体的な言葉や数字を使って説明する**ということでしょう。

ちなみに、考えようによっては私たちがもっとも力を入れて売り出さなければいけない商品は、**自分自身**であるとも言えます。

たとえば就職の面接に臨む学生は、「私はボランティアをやっておりまして、いろんな国でたくさんの子どもたちを助けました」と漠然とした説明をするよりも、「私は海外で子どもたちに日本語を教えるボランティアをしておりまして、カンボジアやベトナムなど、のべ1年半にわたって5カ国で300人もの子どもたちを支援してまいりました」というように具体的な名称や数字を織り交ぜた方が、ずっと説得力は高くなるでしょう。

そのようにまったく同じ商品(人)であってもその宣伝文句によって印象が格段に変わってくるのならば、私も今後自己紹介を行う時には、ぜひ私という商品の魅力を最大限に引き出す、説得力のあるキャッチコピーを考えてみたいものです。

ココロは、具体的な数字に弱い。

35 サンクコスト効果

カジノというのは、げに巧妙に人の心理の弱点を突いてくる施設であります。

たいていの人は、カジノに足を踏み入れたが最後、いつしか財布が空になるまで止められずにゲームを続けてしまいます。途中で負けが重なり雲行きが怪しくなっても、ほとんどの場合は「ちくしょう……大分損が多くなってきたけど、でも次に勝てば全部取り戻せるさ！ここのところ連続で負けてるんだから、確率的に考えれば次は絶対勝てるはず!!　損したままで帰るわけにいくか！　男には、決して退けない戦いがあるんじゃ！　**よっしゃあ、持ち金全部賭けてやるわ!!　見さらせやっ、この寺尾勘三郎、一世一代の大勝負じゃ〜〜〜〜っ!!!**」と威勢良く一か八かの大勝負に挑み、その5分後に**すべてを失い灰になり、貧乏神に抱き付かれながら放心状態でホテルまでトボトボと帰る羽目になるのです。**

ちなみに私も過去一度だけラスベガスに行ったことがあるのですが、私の場合はホテルに到着し「よーし今夜からカジノに繰り出して大勝負してやるぞ!!」と意気軒昂《いきけんこう》に高ぶっていたところその夜に**虫垂炎を発症し、腹痛でのたうちまわって救急病院に運ばれ、入院し手術し莫大な治療費を払わされそのまま帰国することになりました(※実話)**。

「カジノで負ける」という運の悪さならまだわかりますが、ラスベガスまで行ったにもかかわらず**カジノに一歩も足を踏み入れずして病気に負けて大金を失う**という、常識を超えた運の悪さに、もはや私は自分の運命を呪い号泣するしかありませんでした。

まあそんな苦心惨憺《くしんさんたん》な珍談はさておいて話を戻しますと、人がギャンブルで最後の大勝負に出てしまうのは「今まで負けた分を取り戻そうとする」からで、それは私たちに**「今までこんなに時間や労力を費やしたんだから、それを無駄にしたくない」**という心理が働くためです。

そのような心理の働きによって、我々がやりかけた物事を最後までやりぬこうとしてしまうことを**「サンクコスト効果」**と呼びます。

サンクコストというのは「埋没した費用」という意味ですが、費用も含めてそれまでかけた気力体力や時間などあらゆるものを指し、そのサンクコストが大きければ大きいほど、私たちは「せっかくここまでやったんだから」という思いで物事をやり通そうとしてしまうのです。やりかけた事を最後までやり通すのは基本的には良いことですが、サンクコスト効果は時としてカジノで大負けしたり、利益の見込まれない事業に投資し続けてしまったりと、物事の撤退時期を見失う原因となる恐ろしい効果でもあります。

カジノの他には、**お店のスタンプカード**というのも、私たち顧客のサンクコスト効果を巧妙に刺激するように作られた小道具です。

たとえば「スタンプが全部たまったら次回500円引き！」ですとか、喫茶店でしたら「10個集めたらコーヒー1杯無料！」ですとか、大人のお風呂みたいなお店でしたら「10個集めたら入浴料1回分無料！」というようなカードがあり、そのカードに来店ごとにスタンプが押されていくことによって、私たち客側は「せっかくここまでスタンプを集めたんだから、全部たまるまで通ってみよう！」とまんまと思わされてしまうわけです。

そうです。私たち男子が奥さんや彼女に怒られても大人のお風呂みたいなお店に通ってしまうのは、スタンプカードがあるがためなのです。決して私たち男子が悪いのではありません。**悪いのはすべてスタンプカードなのです。責めるなら男ではなく、スタンプカードを責めるべきなのです。えーいこのスタンプカードの野郎っ!!! 悪いやつめっ!! この不貞者!! こうしてくれるわっ!!!** ………なでなで。

ただしそういう大人のお風呂みたいなお店って、せっかくスタンプを10個集めて「きゃーうれしいっ♡♡ ついにスタンプがたまった！ 次回はタダで行けちゃうぞっ♪」とはしゃいでいても、次に行ってみたら**いきなりお店がなくなっている**というケースがままあり、そんな時は電気の消えた薄暗いピンクの看板の前で、たまりにたまったスタンプと欲望を持て余し泣き崩れることになるのです。

でも、そういうお店って何カ月かたつといきなり**店の名前だけ変えて復活**したりしてるんですよね。よくありますそういうこと。そんな時には一応受付のおにいさんに「すみません、前のお店のスタンプカード持ってるんですけど、これって使えますか？」って聞いてみるんですけど、「いや、ダメですね。もうお店変わっちゃってるんで（超ぶっきらぼう）」みたいに言われて、なんだよっ！　また一からスタンプ集め直しかよっ（泣）!!　って悔しさが倍増するんですよね。

……………。

あ〜〜〜〜〜っはっはっは（場を和ます笑い）!!!

なお、このサンクコスト効果は、別名を「コンコルド効果」とも呼びます。イギリスとフランスが共同開発した旅客機コンコルドは、将来的に赤字運用になることがうすうすわかっていたのですが、それまでかけた費用や期間、人的コストが膨大だったために製造開発を途中でやめられなかったという経緯があります。これはサンクコスト効果が国家的規模で働いたという例です。

さて、以上の点を踏まえると、ひきこもりから脱却し充実人生を目指す私が考えるべきことは、物事を最後までやり通すのは良いことだとはいえ、もし将来の展望が開けなかったら、**引き際を見極めるのも大事だ**ということです。

カジノでの大勝負やコンコルドの開発のように、心ではうすうす「これ以上続けない方がいい」とわかっていても、サンクコスト効果はその理性を封印し行動を続けさせてしまいます。しかしそこで一度冷静になって、「これを最後まで続けたらどんな結果になるだろう？それが本当に正解だろうか？」と考えてみることが肝心だと思います。

私が子供の頃にはガチャガチャで出てくる「キン肉マン消しゴム」略してキン消しというものが大流行しておりまして、私も当時他の子供と競うように必死でそのキン消しを集めていました。

日々ありったけの小銭を握りしめてスーパーや駄菓子屋にあるガチャガチャの機械に向かい、「あとはミスター・カーメンさえ出てくれれば『7人の悪魔超人』が全部そろうぞ!!」「『悪魔六騎士』のコンプリートまであと1体だ！　頼む、出てくれアシュラマン!!」と祈りながらハンドルを回していました。

はっきり言ってその悪魔超人をそろえたところで**なにが起こるわけでもない**のですが、それまでの労力とつぎ込んだお金を考えると、もはや私はキン消し集めをやめることができなかったのです。

そんなことをしているうちに、ある日家に帰ってみると、それまで集めた何百体というキン消しが**全部親に捨てられている**という悲劇が起こり、私という幼子は慟哭《どうこく》し親を憎み暴れました。

こんな幼子に家計が傾くほどのお金を使わせて、さらに親子の絆をも壊したのですから、これはもうサンクコスト効果と悪魔超人がどれほど恐ろしいものかということがよくわかります。そういうところがまさに悪魔超人の悪魔超人たるゆえんなのですね。サンクコスト効果も悪魔超人も、人類にとっては本当に脅威の存在です。

とまあ**そんな例もあるわけですから**、たしかにそれまでつぎ込んだコストを「無駄だった」と断定してしまうのは勇気がいることですが、その撤退によってさらなる損失を免れることができるのであれば、サンクコストに惑わされずに、時には撤退の道を選ぶことも大事ではないかと思います。

時間やお金を使うほど、ココロはなんとか元を取ろうとする。

36 先手必勝の交渉術

日本では日常買い物をする時に価格交渉を行うことはなかなか無いですが、発展途上国の商店などを訪れると、いまだに物を適正価格で購入するためにはそれはそれは長～い交渉が必要だったりします。

その点で私が一番ムカつ……いえ、苦労したのはインドです。インドでなにか物を買おうとすると、たいていこんなやり取りが繰り広げられることになります。

「こんにちはー。すみません商店のおじさま、お土産にこのガラスのガネーシャ(インドの神様)像を買っていきたいんですけど、これはおいくらですか？」

「そうだな、それは…………、5000ルピーだ(外国人向けの法外な値段)」

「たかっ!!! いくらなんでも5000ルピーはないでしょう!! 高すぎるって!! ディスカウントプリーズ!!」

「仕方ないなあ。では、おまえだけにスペシャルプライスをプレゼントしてやろう。それじゃあ………、４９００ルピーでどうだ」

「**いやいやっ!!　全然安くなってないし!!**　まだまだ高すぎる!!　モアディスカウントプリーズ!!　モアー！」

「だったら、ハウマッチユーペイ（いくらなら買うんだ）？」

「ん〜〜〜、３０００ルピーくらいになれば買ってもいいかな〜」

「**わ〜〜〜っはっはっは（わざとらしい笑い）!!!**　冗談じゃない。そんな金額で商売してたらうちは破産だね！」

「え〜〜そうですか〜〜じゃあ他のお店に行こうかな〜他にもお土産物屋さんはいっぱいあるしな〜〜」

「**ウェイト！　待ちなさい!!**　それじゃあ、４５００ルピーならどうだ。それがラストプライスだ。これ以上はまけられん！」

「まだ高い!!　じゃあこっちのラストプライスは３５００ルピーだ!!　それ以上なら買わないからな!!」

「ノー。**インポッシブル。**そんな値段は不可能だ。他の店に行ったって同じだぞ。３５００ルピーだって？　**わ〜〜〜っはっはっは（わざとらしい笑い）!!**　どの店がそんな値段で売ってるって言うんだ？　４５００ルピーより安く買える店なんて、あるわけないね！」

「そうかい。わかったよ。じゃあ他の店で聞いてくる!! 本当に4500ルピーがラストプライスか、あっちの店で聞くから!! じゃあもう行くからね! 本当に行くから! 行くからな!! マジで行くからなっ!! ばいばいさよなら!!(背を向けて歩きだす)」

「ウェイト!! チョト待てっ!! リッスン! 聞きなさい。しょうがない。わかった、おまえがそこまで言うなら、オンリーユーの特別価格だ。俺はジャパニーズが好きだからな。マイフレンド、**あいだを取って4000ルピーでフィニッシュにしようじゃないか。** いいな? これで決まりだ(笑顔で握手を求めてくる)!」

「ちぇっ………しょうがないなあ。じゃあ4000ルピーで手を打つよ。はいよっ(握手)」

「グッド。おまえは良い買い物をしたな。4000ルピーはおまえだけのスペシャルプライスだ。他のやつには言うんじゃないぞ」

「わかったわかった。でもそれ割れ物だから、絶対壊れないように丁寧に包んでよね。頼むよおじさん」

「ノープロブレムッ!! 何年この商売やってると思ってるんだ。なめんじゃねえぞ!!」

「あらそれはどうもすみませんでした〜」

………というように、長い交渉の末、結果として私は**適正価格2000ルピーのガネーシャ像を4000ルピーで買わされることになり、**さらに日本に帰って包みを開けてみると見事にガネーシャ像の**腕が1本もげている**という、非常にビッグプロブレムな事態になるのでした(号泣)。

さて、この交渉は、残念ながら完全に私の負けに終わっています。そこで心理学的に敗因を探ってみると、キーポイントは、商品の価格を先に提示したのが店側であったというところです。

価格交渉の場では、**先に金額を提示した方が有利な結果を得られる**のです。

アメリカの心理学者が、あるコンサルティング会社のボーナスの金額交渉の場面を調査しました。そこで交渉の流れと決定した金額を照らし合わせたところ、社員の側が先に希望の数字を提示した場合にはボーナスの平均金額がおよそ1万8000ドルになったのに対し、会社の側が先に数字を提示した場合は、金額は平均でおよそ1万3000ドルになったそうです。どちらが先に口火を切るかによって、5000ドルもの開きが出ているのです。

つまり、買い物においても商談においても、有利にことを運ぼうと思ったら、まずは自分から先に金額を切り出すことが大切なのです。先の例で言えば私が「おじさん、これいくらですか?」と聞いたのがそもそもの間違いで、インドで商店との交渉に勝つためには、まず「おじさん、このガネーシャ像、**500ルピーで売ってくれませんか?**」とこちらから切り出すべきだったのです。そうすれば、「**わ〜〜〜っはっはっは(わざとらしい笑い)!!!** 冗談じゃない。そんな金額で商売してたらうちは破産だね!」から始まる長い長い交渉は避けられないとしても、最終的に2000〜3000ルピー程度のわりと適正に近い価格で決着を見ることができたはずなのです。

まあ、それでも結局のところ適正価格より高く買わされることには変わりないんですけどね……ああ腹立つ……。

しかもインドの場合、先手必勝を期してうまく価格交渉を行っても、像の腕がもげていたり、不良品をつかまされるということもよくあるので大変なんです。

私は現地の露店で先の例のような長い価格交渉を経て下着を買ったことがあるのですが、手渡されたパンツをふと裏返してみると、そこに**おもいっきり鳥のフンがへばりついていた**ということがあります。もちろん私は全力で怒り狂い、**「おいコラワレっ!!! 鳥のフンがついてるじゃねえかよっっ!!! よくこんなもん客に売ろうとするなおまえっ!!!」**とへビークレームをつけてみましたが、店主のおっさんは「それは俺のせいじゃない! 俺のせいじゃなくて、**鳥のせいだ! 文句を言うなら俺じゃなくて鳥に言え!!**」と堂々と開き直ってきました。

あまりのバカバカしさに私は言葉を失いまたも敗北を喫してしまったのですが、その、人としてのプライドというか**人と鳥の垣根が全然無い感じ**が、いいんだか悪いんだかもうなんだかよくわかりません。

正直に言いまして、もし今後インドに行く予定があるという方は、「どうやってうまく価格交渉をするか」よりも、まず**どうやったらインドに行かずに済むか**ということをよく考えられることをお薦めします(涙)。

さて、以上の点を踏まえると、ひきこもりから脱却し充実人生を目指す私が行うべきことは、他人と条件交渉をする時には、必ず自分から希望の条件を切り出すということでしょう。先に条件を切り出せば、その条件が交渉のスタート地点となるために、相手もあまりそこから遠い条件は出しづらくなるのです。

たとえば男性が奥さんやお母さんとお小遣いの金額を交渉する時には、相手が口を開く前にまずこちらから**希望より高めの数字**を言ってみると良さそうです。反対に女性が旦那さんやお子さんからの要求でお小遣い会議のテーブルにつく際には、絶対に相手に口火を切らせず、ヤフーオークションなみの**1円スタート**くらいの覚悟で臨むのが良いと思われます。

私も今後各種交渉に臨む際には、この先手必勝の交渉術を肝に銘じて使いこなしていきたいと思います。

先に条件を出されると、ココロはその条件から飛躍できない。

37 恐怖説得

商売や交渉ごとの場面で使える心理学のテクニックとして、最後の手段とも言える究極の方法が**「恐怖説得」**です。

恐怖説得というのはその名の通り、**相手を恐怖に陥れて物を買わせたり、交渉を有利に進ませる**という技です。

なぜ最後の手段かというと、このテクニックは度を超すと犯罪につながってしまう可能性があるからです。たとえば、恐怖説得の最終形態と言えるのが「おまえの息子は預かった。命が惜しければ、2000万円用意しろ!!」というような誘拐事件でしょう。

相手に強い恐怖説得に出られると、こちら側は対抗しようとする意欲さえ失ってしまいます。仮に対抗しようとしても、相手はこちらの恐怖という弱点を握っているため、交渉を進展させられる可能性は低いのです。たとえば「おまえの息子は預かった」と言われた時に、いくら家計が苦しいからといって、前項で学んだ**先手必勝の交渉術**を使い身代金を低く抑えようとしても、それは次のように難しいことでしょう。

「いいかよく聞け。おまえの息子は預かった。命が惜しければ……」

「よーし500円!!　500円でどうだ！　500円払うから、息子を返してくれ!!」

「な、なにっ、バカ言うな！　こっちはおまえの息子の命を預かってるんだぞ!!　そうだな……せめて1000万円はもらわないと割に合わんな！」

「あ〜〜っはっはっは（わざとらしい笑い）!!　冗談じゃないね。そんな金額を払ったらうちは破産だね！　**インポッシブル!!**　他の家の息子をさらったって同じだぞ。どこの家がそんな大金払うって言うんだよ！　ウソだと思うんなら聞いてみろよ！　500円以上払う家庭なんて、あるわけないね!!」

「な、なんだと！　じゃあ、おまえの息子がどうなってもいいんだな！　知らねえぞ！　いいんだな。本当にいいんだなっっ!!」

「**ウェイト!!　チョト待てっ!!**　リッスン。聞きなさい。わかった。あんたがそこまで言うならしょうがない。じゃあラストプライスで、5万円！　5万円で手を打とうじゃないか。俺は犯罪者が大好きだから、**オンリーユーのスペシャルプライスだ。**いいな？　これで決まりだ！」

「ちっ……しょうがないなあ。じゃあ5万円で手を打つよ」

…………と、**インドのおっさん風**に強気に価格交渉を行っても、このようにうまく値下げに応じてもらえるのはまれなことでしょう。

かといって、前々項で学んだサンクコスト効果（コンコルド効果）を考慮して、「うーんたしかに息子の開発にはずいぶんコストをかけてきたし、今さら手放すのはもったいない気はするが……、2000万円という身代金と今後の養育費を考えたら…………、**よーしここは思い切って損切りするか！　オーケー、持ってけ泥棒!!　うちの息子はおまえにやるよ!!**」と、**勇気ある撤退**を決めて誘拐犯に息子をプレゼントしてしまうわけにもいかないと思います。

これが「おまえの旦那は預かった！」とか「おまえの女房は預かった！」と言われたら**「どうぞどうぞ持って行ってください♪」**と喜んで交渉を放棄する人もいるかと思いますが、幼い息子となればこれは旦那や女房と正反対でかわいい盛りですから、こちらも犯人の言いなりになるしかないでしょう。

ちなみに、犯罪まで至らない恐怖説得としては、たとえば新興宗教が「入信しないと不幸になりますよ」などと脅して信者を募ったりお札やツボなどの宗教グッズを買わせたりする例があります。

私の家にも何度か、あるカルト宗教の勧誘員さんが訪ねてきたことがあります。彼らが言うことには、もう間もなく**ハルマゲドン**と呼ばれる大災害が起こり人類はほとんど死滅するけれど、その教団の信者になりさえすれば生き残ることができるというお話でした。

それを聞いて、私は思いました。

大災害の後に生き残るのがこの教団の信者だけなのだとしたら、別に私は生き残らなくてもいいと。だって、なんていうかさあ、なんってもさあ、**おまえらみたいな不気味なやつらと一緒に生きていくくらいなら、家族や友人とともに死んだ方がマシなんじゃ!! 知り合いが誰もいない世界でおまえらの仲間になって生活していく方が、こっちにはハルマゲドン以上の大災害なんだよっ!!! ていうかおまえら、そんなろくでもない宗教にだまされて人生の貴重な時間を無駄にしてんじゃねえよタコどもがっ!! そんなことしてる暇があったら少しでも働いて地域社会と日本経済に貢献したらどうだテメーコラっっ!!!**

……………………………。

な〜〜〜んちゃって〜〜〜!

そんな過激なことを書いてはみたけれども、本当は、僕はそんなことは**ちっとも思っていないのでした〜〜**。今の荒々しい言葉は、**ドッキリでした!** みんな、本気にしちゃった? いやんよいやんよ。困ります。僕がそんな荒々しいことを考えるわけがないじゃないですか。だって、どんな宗教を信じるかは人の自由なんですもの。人類みな兄弟ですよ。仲良くしましょうね。

……さて、その他にも恐怖心をあおって物を買わせるといえば、またもインドの話で申し訳ないですが、私がバラナシという街で「サイババの一番弟子」だと名乗る**ライババ**という人物に占いをしてもらった時には、「おまえは37歳で目の手術をするが、その手術は**失敗する**」「おまえは41歳の時に交通事故で頭をけがし、**後遺症が残る**」と予言され、**「それを回避したかったらこの2万ルピーのお守りを買いなさい」**と、聖なるお守りを買わされそうになったことがあります。

これもまた典型的な恐怖説得の例ですね。「これを買わなければ将来災いが起こる！」と言って金を払わせようとするという、まあ新興宗教の勧誘と似たようなものですが、なんにせよ恐怖説得というのはうさんくさい場面で使われることが多いです。

ちなみにその聖なるお守りを私が買うことはありませんでした。なにしろ、その時他にライババさんに言われたことは「おまえは時々腰が痛くなるだろう？」とか**「おまえはエッチなことが好きだろう？」**とか**「おまえはおしっこをした後に残尿感を感じることがあるだろう？」**などという、**そりゃ誰でもそうだろうよバカっ！**と叫びたくなるような、占いとはほど遠い内容だったため、私の中で彼の信用度はスーパーカミオカンデよりも深い地の底にまで落ちておりまして、脅しに屈することはなかったのです。

……以上の点を踏まえると、ひきこもりから脱却し充実人生を目指す私が考えるべきことは、恐怖説得を行う側にならないというのはもちろんのことですが、誰かに恐怖説得をされた時に言いくるめられないように、ちゃんと普段から防衛策を用意しておくということでしょう。

一番の防衛策というのは、「確固たる自信」だと思います。「この教団に入信しなければハルマゲドンで死んでしまう」と言われた時に、教団に入ってまで生き延びようとするのは人生に未練がたくさんある人なのだと思います。そこでハッタリだとしても**「俺は明日死んでもいいように今をしっかり生きているんだ！　だからあんたの教団になんて入らないね！」**と断言できるように、普段からやり残しのない毎日を生きていきたいものです。

どうせ新興宗教の信者となって少人数だけで生き残ったところで、そんな不気味な世界ではもうやり残したこともできないでしょうから……。

脅されると、ココロは説得されやすい。

38 片面提示と両面提示

ある商品のことを説明する時、その説明の方法は大きく「片面提示」と「両面提示」の2種類に分けることができます。

片面提示というのは、商品の良い点だけを伝える方法です。そして両面提示は、その商品の良い点と悪い点を両方とも伝える方法です。

この2つのうちどちらが相手に受け入れられ易いかというと、良い点だけでなく欠点もあわせて伝える**両面提示の方が、肯定的に受け取られる可能性が高い**ということが、ある研究では証明されています。

南カリフォルニア大学のマイケル・カミンズ准教授は、ボールペンの広告を2種類作り、それを学生に見せてそれぞれの広告と商品への好感度を尋ねるという実験を行いました。

片方の広告には、「このボールペンは書きやすくて持ちやすくて長持ちする」というように長所ばかりを並べ、そしてもう片方には「このボールペンはデザインはあまり良くないが、書きやすくて持ちやすくて長持ちする」というように長所と合わせて短所も記載しました。結果、学生たちは、短所も記載した両面提示の広告の方が約5倍も好感度が高いと回答したのです。

普通に考えると長所ばかり伝えられた方が良い印象を受けそうなものですが、そうではなく短所も述べた両面提示の方が印象が良いのは、「悪いところもちゃんと隠さずに説明してくれるなんて、この人(広告)は正直だなあ」という肯定的な感情を相手が持つようになるためです。

この両面提示は、私自身も文章を書く中でずっと使ってきた手法でもあります。

そもそも私は作家になる前は時にニートであり時にフリーターであり時に派遣社員でしたが、一方で自分でホームページを作りそこに文章を書くというういわゆる「ブロガー」という一面も持っていました。

インターネットという仕組みができてから、世の中の人々はパソコンさえ持っていれば誰もが自分の文章を世間に向けて発信できるようになりました。ＳＮＳサイトで日記を公開している人まで含めれば日本だけでも何百万人という数のブロガーがいると思いますが、その無数の人々の中で私の文章がある一定の評価を得て、今ではほそぼそとですがそれを職業にできるようになったのは、私が文章を書く時には必ずこの両面提示を行ってきたからだと思っています。

ブロガー時代、主に私が書いていたのはバックパッカー旅行記ですが、同じように現在ネット上に個人旅行記を掲載している多くの人たちの文章を読んでみると、ほとんどすべての人たちが、片面提示の文章しか書いていないことに気付かされます。片面提示、つまり、**自分の格好良い姿しか書いていない**のです。

海外でこんな危ない目に遭ったけどこんな風に切り抜けて……現地の人たちと仲良くなって友情を育み一緒に写真を撮って……病気で苦しんでも負けずに旅を続けて……子どもたちにもこんなに慕われて……ツアー旅行と比べたらこんなにお金を節約できて、ツアー旅行では行けないような珍しい遺跡にも入って……これが今日の夕ご飯の写真です！　おいしそうでしょう!!　……うーん……、**おもろない。**

日本のネット上に海外旅行記のブログが1万個あるとすれば、そのうち9900個は、今述べたような、いまいち誰の旅行記なのか区別がつきづらい、似たような内容になってしまっています。

もちろん、私も旅行記を書く目的は「俺ってキモオタに見えるけど、こんなにワイルドな一面もあるんだぜ！　見直しただろう!!」という、**「自慢したい」というただ一念**でしたが、しかし私は今述べたような格好つけた内容も書きますし、一方では**ウンコ漏らした話もちゃんと書くのです。**

まさしくポイントは、ウンコなのです。汚い話ですがしかし本気で、私は文章で世間の注目を浴びることができるかどうかの境目は、**ウンコ漏らした話を書けるかどうか、ゲロを吐いた話を書けるかどうか**、そこだと思っているのです。

どうですか、ブロガーのみなさん。自分がウンコを漏らした話、それを世界中の人が見られるブログで余すことなく詳細に書き表すことができますか？　できないでしょう？

……ええ、まあそうですよね。まず普通の人はウンコなんて**漏らさないですもんね**。その通り。大人なんですから、そりゃ漏らしませんよ。でも、**そこを漏らすのが私のすごいところなのです。そこで漏らすことができたから、私は作家になれたのです**。わっはっは(号泣)。

まあ「自己開示の返報性」のところでも述べた通り、初対面であまり極端な開示をしすぎるというのは逆効果であり、誰かと初めて会って話をする時には下痢や嘔吐の話題は当然避けるべきでしょう。しかし対面ではなく、本やブログという文章で「遠くにいる見ず知らずの人たち」に訴えかけようとしたら、下痢やゲロの話は必須なのです。いや、それが必須というよりは、要は**「そのくらいの覚悟ですべてをさらけ出した両面提示、自己開示ができるか」**が、遠くの見知らぬ人たちに文章を評価してもらえるかどうかの鍵になるのです。

もちろん、文章だけでなく実際に人と接する時にも、積極的に自分の欠点をさらけ出していくのは重要なことです。

人は、とにかく他人の自慢を嫌うものです。しかし一方で、人はどうしても自慢話をしてしまう生き物でもあります。

自分は他人の自慢を嫌うのに、自分は自慢をついしてしまう。そのような自己矛盾を抱えた存在であるからこそ、ついつい自慢話をしてしまうのであれば、その自慢話を中和させるためにも自慢という片面だけの提示ではなく、欠点や短所、マヌケ話も加えて両面を提示するというのは人間関係を円滑にするために欠かせないことだと思うのです。

飲み会、お茶会、会議、合コン、打ち合わせ、デート……、さまざまな場面で、相手に好印象を持ってもらうために両面提示というのは有効的な方法です。

私もどんな場面であれ、自分が話をする時には、それがただの自慢になっていないか、商品やサービスの良い点だけを押しつけていないか、常に考えてみるようにしたいと思っています。

ココロは、ちゃんと悪い面も見せてくれるものが好き。

8章 ときめくココロ

39 単純接触効果とつり橋効果

これから、心理学において「恋愛に役立つ」とされている法則をいくつかご紹介したいと思います。

とはいえここまでに出てきた法則もほとんどが発想を転換すれば恋愛に応用できるものであり、逆に今からご案内する法則の方が**そりゃちょっと無理があるんじゃない？**というツッコミが入りそうなものでもあるのですが、しかし心理学の法則は使い方次第で**毒にも薬にもなるもの**です。みなさんも、これらの法則をどうやったら薬にできるかということを一緒に考えながら、ここからの章を読み進めていただければうれしいです。

そんなわけで、まず最初にご紹介するのは**「単純接触効果」**です。

これはその名の通り単純明快な話で、**人は誰かと顔を合わせる回数が多ければ多いほど、相互に好意的な感情を持つようになる**という法則です。

こんな実験がありました。

ある大学で、４人の女子学生をそれぞれ異なる回数ずつ講義に出席させました。１人目の学生は１学期のあいだに一度も出席せず、次の学生は５回だけ、さらに次の学生は10回、もう１人の学生は15回、それぞれ大教室での講義に出席するようにしました。そして学期の最後に他の学生にこの４人の女子学生に対する好感度を尋ねたところ、**講義へ出席した回数が多い学生ほど他の学生からの好感度が高くなっている**ということがわかったのです。

この単純接触効果は、良く知っているものに対して好感を持つという意味で「熟知性の原則」とも呼ばれますが、職場結婚や趣味のサークル内での交際など、同じグループに属する人間の中でカップルが生まれやすいのはこの法則が働くせいでもあります。

ということであれば、私たちが恋愛を成就させるために成すべきことは決まってきますよね。そう、**狙っている異性とは、意図的に何度も顔を合わせるようにする**ということです。

ただし、顔を合わせる時にそれが意図的であるということが見え見えですと逆に好感度が下がってしまうことも考えられますので、意図的ではありながらあくまで**偶然を装って**うまく登場するということが大事です。

たとえば意中の女性カナちゃんが女子大生だとして、仮にこちらも男子学生であった場合は、まずはなるべく彼女と同じ講義をたくさん取り、１学期のあいだに顔を合わせる回数を増やすことが大切です。

もちろんそれだけでは多くのライバルの中から勝ち抜くことはできませんので、プライベートの場でも多数偶然の出会いを演出してあげましょう。

彼女が昼にカフェでランチを食べていたら、すかさず自分も同じカフェに入って「あれ？　カナちゃんも来てたんだ。奇遇だね！　ここ、いい？」と偶然を装って声をかけ、隣に座って一緒にランチを楽しみましょう。そして彼女が学校の女子トイレで化粧を直していたら、すかさず自分も後ろの個室から登場し、手を洗いながら「あれ？　また会ったねカナちゃん！　最近よく会うよねえ！」と偶然を装って声をかけ、コスメ談義に花を咲かせましょう。

はたまた今度は彼女が箱根の温泉に行くという情報を入手したら、早速こちらも同じ宿を予約し、先に女湯に浸かって待ち構え「あれ？　カナちゃんもこの温泉来たの!?　まさかこんなところで会うなんて！　奇遇にも程があるねえ!!」と偶然を装って声をかけ、同じ湯に浸かってカナちゃんの肌に触れたお湯をレロレロと飲みましょう。さらに、やがて彼女が大学を卒業し引っ越していったら、転居先のマンションを突き止めてこちらもその隣の部屋を借り、引っ越し当日に「あれ？　カナちゃんもここに越して来たの!?　**どういうこと!?　俺、隣の部屋なんだけど!!　ここまで偶然が続くなんて、もう偶然とは言えないって!!　なにか神がかったものを感じるよね！　俺たちどこまで相性が良いんだろう（笑）!!**」と偶然を装って声をかけ、いよいよ2人をつなぐ運命の赤い糸の存在をほのめかしましょう。

単純接触効果では顔を合わせる回数が多ければ多いほど好意を持たれるとされているので

すから、ここまですればついにカナちゃんも私たちと恋に落ちてくれるに違いありません。
さて、こうして我々はめでたくカナちゃんと結ばれたわけですが、今回はダメ押しとして、大サービスでもうひとつ大変役立つ法則を追加でご紹介したいと思います。それが、**「つり橋効果」**です。

つり橋効果というのは、**つり橋の上のような恐怖や緊張を感じる場所で男女が出会うと、その男女は恋に落ちやすくなる**という法則です。

人は楽しい時には笑いますが、仮に楽しくないとしても、無理に笑顔を作ると「あれ、今自分は笑っているということは、自分は楽しいのかな?」と脳が勘違いして、本当に楽しい気分になることがあります。同様に、つり橋の上で恐怖を感じ胸がドキドキしていると、「あれ、今自分はドキドキしているな。ドキドキしているということは、自分は恋をしているんじゃないかな?」と、恐怖によるドキドキを恋のドキドキだと勘違いし、その場にいる異性を好きになることがあるのです。

つり橋効果は、高いところに限らず暗闇など「胸がドキドキする場所」では等しく現れます。となれば、先ほどの単純接触効果と合体させ、**ドキドキするような怖い場所で偶然何回も顔を合わせれば**、これはもう絶大な効果を発揮しカナちゃんの恋心も必ずやスパークさせられるはずです。

たとえば彼女が趣味のスカイダイビングにチャレンジしていたら、飛行機からダイブして空中にいるあいだにこちらもバンザイスタイルで降下しながら近づいていき、「あれっ？　カナちゃん!!　なんでこんなところでカナちゃんに会うのっ!?　**ここ空中だよ!?　信じられない!!**」と偶然を装って声をかければ、カナちゃんは落下のドキドキを恋のドキドキだと勘違いし、きっと我々を好きになってくれることでしょう。

　あるいは、ある日カナちゃんが体調を崩し、自分の部屋で夜中に金縛りにあって身震いしていたら、こちらはあらかじめ作ってあった合鍵を使って侵入し、ベッドの脇まで行ってカナちゃんを見下ろしながら「あれ～？　カナちゃ～～ん、こんなところで会うなんて、偶然だね～～。どうしたの～～？　**動けないの～～～？　えひゃっひゃっひゃ～～～～～!!**」と偶然を装って声をかければ、あまりの絶望的な恐怖でカナちゃんも「こっ怖い!!　わ、私今、あまりに恐くて心臓が爆発しそうなくらいドキドキしてるっ!!　このドキドキ………、もしかして、**恋?**」と勘違いして我々のことを**愛してしまうでしょう**。これは間違いありません。

……ということで、以上の点を踏まえると、ひきこもりから脱却し充実人生を目指す私が行うべきことは、好きな人に振り向いてもらいたかったらとにもかくにも顔を合わせる回数を増やすということですね。さらに、できれば相手が恐怖や緊張、興奮などでドキドキしている時に接触を図るとなお効果的です。

　ただし、散々**毒な例ばかり**出しておいてなんですが、基本的な考え方として、なにをするにも**相手に迷惑をかけてはいけません。**

好きな人に迷惑をかけるのは相手に悪いだけでなく、結局自分も嫌われてしまうわけですから、自分のためにもなりません。行動することはなにより大切ですが、偶然を装った接触もどのラインまでなら許されるのか、どこまでなら相手に迷惑をかけない範囲で実行できるのか、そこはしっかりと考えて動くようにしたいものです。

何度も会った人、一緒に緊張した人のことを、ココロは好きだと勘違いしやすい。

40 選択肢の幻想とゼイガルニク効果

恋愛シーンの中でも特に「異性をデートに誘う場面」で有効的だとされている、恋愛のノウハウ本にもよく書かれている法則があります。それが**「選択肢の幻想」**です。

選択肢の幻想では、人になにかを依頼する時に、**どの選択肢を選んでもこちらの意図した結果につながるように**相手を誘導します。

たとえば「カナちゃん、今度一緒に渋谷のスペイン料理のお店に行かない？」という誘い方だと、カナちゃんの選択肢は行くか行かないか、イエスかノーのどちらかということになります。つまり、ノーと言われる可能性も十分あるわけです。

そこで選択肢の幻想では、「カナちゃん、渋谷においしいスペイン料理の店と、おいしいトルコ料理の店があるんだけど、**どっちに行きたい？**」と聞くのです。すると今度は選択肢はイエスかノーかではなく、**スペイン料理かトルコ料理かの2択**ということになります。これなら、どちらを選んでもイエスつまり「一緒に食事に行く」ということは変わりませんよね。
こうしてうまく質問の仕方を変えてあげれば、私たちは目当てのあの人を見事にデートに誘うことができるわけです。めでたしめでたし。どうですか！　すごいでしょう！

……………………。

え〜〜〜〜〜〜〜〜〜〜〜〜〜〜〜〜〜（不信感の「え〜」）。

うーん……、これはどうなんでしょう。自分で解説しておいてなんですが、なんかちょっと、**納得いきませんね〜〜〜。**

やっぱりー、いくらイエスの選択肢ばかり用意したってー、**ダメなものはダメだと思うのです。**だって、別にどっちかを選ばなきゃいけない義務があるわけじゃないじゃないですか。もし日本の法律に「会話中に選択肢を提示されたら、必ずどれかを選ばなければならない」という条文でもあるのなら、たしかに狙い通りいくでしょう。それなら私だって「ねえクミちゃん、今度2人で遊びたいんだけど、**キミの家に行くか、僕の家に来るか、どっちがいい？ぐへっ、ぐへへへへっ…………**」というように女性に問うてみたいですが、実際はどう考えてもそれで相手がどちらかを選んでくれるとは思えません。その場合クミちゃんは「キミの家」「僕の家」という2つの他に**「おまえとなんて遊ぶかボケ」という新しい選択肢**を強引に作り出して、それを選択するはずです。

この選択肢の幻想は、いわゆる**「イケメンに限る」という言葉が決定的に当てはまる法則**

ではないでしょうか。

もし質問をするのが私ではなくＶ６の岡田准一くんだったら、必ずや相手の女性はどちらかの答えを選ぶことでしょう。いえ、むしろ「スペイン料理かトルコ料理、どっちに行きたい？」「ううん、私、**あなたの家に行きたいの**」と、これも女性が無理やり新しい選択肢を作り出して**飛び級のハッピーエンド**を迎える展開も考えられます。

しかし一方この私が「スペイン料理かトルコ料理、どっちに行きたい？」と聞いた場合は、仮に相手の女性がめちゃくちゃスペイン料理を食べたい気分だったとしても、せいぜい「スペイン料理に行きたい！　じゃあ、**みんな誘って行こうよ！**」という**悲劇のフレーズ**が襲いかかってくるに違いありません。

女性をデートに誘った時に「みんなで行こうよ」と返されるほど屈辱的なことはありませんよね。だって「みんなで行こうよ」っていうのは、要するに**「あんたと2人きりでは絶対に行きたくないから」**っていうことですからね。それでみんなで行ったら行ったで、私が言い出しっぺにもかかわらず料理屋さんでは私を除いたみんなで盛り上がるんですよどうせ。もうわかってるんですよ。いつだって私は１人でテーブルの隅にポツンと取り残される存在なんですから。**おちょのくられぁっ（号泣）!!!**

さて、というように選択肢の幻想は明らかに使う人間を選ぶ法則であり、これだけで終わるのは申し訳ないので、今回も続いてもうひとつ別の法則をご紹介したいと思います。

次の法則は、**「ゼイガルニク効果」**というものです。

これは、**「物事が盛り上がったところで中断をすると、人はその続きが気になってどうしようもなくなる」**という法則です。

マンガ雑誌の連載で主人公がピンチに陥ったところで「次回に続く」となったり、テレビ番組でクライマックスを迎えたところで「続きはCMの後で！」とコマーシャルに突入されると、私たちはどうしても先が気になり、続きを待たずにいられなくなってしまいます。これはまさにゼイガルニク効果を狙った演出であり、その狙いに私たちが見事に乗せられている例です。

これを、人間関係にも適用させることができます。

たとえば飲み会で盛り上がって「さあみんな2次会に行こう！」というような状況で、あえて**自分だけあっさり帰ってみる**のです。そうすることにより、「あれ、あの人もう帰っちゃうんだ……もうちょっと話してみたかったな……なんか気になる……」というふうに、盛り上がりを中断することで自分にだけゼイガルニク効果が働き、他のメンバーの気を引くことができるのです。

まあしかし、これも選択肢の幻想ほどではないにせよ、人を選ぶ法則ではあると思います。

先ほど述べたように私などは他人から忘れられた存在ですから、仮に1次会だけで帰ったとしても、誰にも**帰ったことすら気付かれない**のではないかと思うのです。２次会の会場で幹事が人数を数えた時に、「1人、2人、3人…………、あれ？　**1次会より人数減ってない？**誰か帰った？」「いや、誰も帰ってないでしょ。みんないるよ？」「でも、9人しかいないよ？1次会はたしか10人いたでしょ？」「うそー！　それじゃあ、誰も帰ってないのに1人減ってるっていうこと？　怖い！　そんなことがあるの!?」「もしかしてこれって…………、**都市伝説じゃない？**　いやー、こんなこともあるんだねえ……。さすが新宿歌舞伎町、なにが起こるかわからない魔の空間だよね……」と、私が帰ったことは気付かれず、人数が減ったことは**都市伝説として処理される**可能性があります。なんとも悲しすぎる伝説ではないですか(涙)。

さて、以上の点を踏まえると、まあ以上の点を**踏まえるべきかどうかはわかりませんが、**ひきこもりから脱却し充実人生を目指す私が行うべきことは、異性との仲を深めるために、ひとつには選択肢の幻想を上手に使った誘い方を考えてみる、もうひとつは飲み会やデートなどでは盛り上がったところであえてあっさり帰ってみる、というところではないでしょうか。

選択肢の幻想も、デートの誘いとなるとイケメンに限る話になってしまいますが、たとえばこれを仕事に適用して、高木くんに残業を頼みたい時には「ねえ高木くん、報告書かシフト表、**どっちなら作っていってくれる？**」と頼めば、うまく言いくるめることができるかもしれません。

ゼイガルニク効果の方も、私がたまたま例外なだけで、普通の人であれば飲み会が盛り上がったところでサッと帰ったら、その人はきっとみんなに惜しまれると思います。そうすることで意中の人に「あの人もう帰っちゃうんだ、まだ話し足りなかったな、もっとあの人と話してみたいな」と感じさせればしめたものです。

めったに呼ばれることのない飲み会を1次会だけで帰るというのは正直かなり寂しい気もしますが、考えてみればお財布にも健康にも優しいことですし、私も時には実行してみたいと思います。

「いいところ」で中断されると、ココロは続きが気になってしまう。

41 タッチングの効果

前々項で、人は頻繁に顔を合わせる相手に好意を持つようになるという「単純接触効果」をご紹介しましたが、さらに一歩進んで、**人は体が触れ合うと、その相手に好意を持つようになる**という法則があります。その法則を、**「タッチングの効果」**と呼びます。

この法則は人種や性別によっては多少効果が異なってくるようですが、アメリカのサンフランシスコ大学で行われた実験では、実験者側の男性が被験者の女性と対面して話をした時、男性が女性の腕を触ったり握手をするなどしてなんらかの形で体に触れた場合、一切体にタッチしなかった場合と比べて女性側が男性に抱く好感度がずっと高くなったという結果が出ています。

たしかにマンガやドラマでも、ふとしたアクシデントで男女の手と手が触れ合い、そこからお互い恋に落ちる……まではいかずとも、ドキッとして顔を赤らめるなんていうシーンはよく見かけますよね。

多くの場合、人は誰かに体を触られると、安心感を覚えて相手に気を許すようになる傾向があるそうです。特に、頭を撫でられると毛根の触覚が刺激されて、心地よさを感じるということです。ですから、好きな異性に好意を持ってもらうためには、とにかくこちらから相手の頭や体を積極的に触るようにすれば良いのです。

…………。

はい、みなさんご一緒に！　せーの！

え〜〜〜〜〜〜〜〜〜〜〜〜〜〜〜〜〜〜（不信感の「え〜」）。

いんや〜。おかしいですねえ。体を触って喜ばれるのならば、**痴漢をすればするほどこちらの好感度が上がるということですか？**　気になる女の子のお尻をぺろっと触ったら、その女の子はこちらに好意を持ってくれるということでしょうか？

我々の住む世界って、そんな理想郷でしたっけ？　**そんなシャングリラでしたっけこの世界は？**　んふーん、違いますよねえ。

「頭を撫でるのが良い」と簡単に言いますが、なかなか大変なことですよそれは。むしろ男女のあいだで相手の頭を撫でて喜ばれるような関係にすでになっているなら、**もういいじゃんっ**ていう気がします。もう相当な仲ですよそれ？　いきなり頭をよしよしと触っても一切抵抗されないような仲になっているんなら、**もう2人はできてるじゃん。もう今さら心理学**

の法則とかいらないじゃん。もうすでに十分幸せじゃん。勝手にやってよあんた。

普通は、いきなり異性の体に触るなんて無理ですよねえ。課長が部下の女性に、選択肢の幻想を使い「マイちゃん、**頭を撫でられるのと、肩を揉まれるのだったらどっちがいい？ぐへっ、ぐへへへへっ…………**」と迫っても、回答としては頭でも肩でもなく、むしろ懲罰委員会から**セクシャルハラスメントで懲戒解雇という回答**が通達されるおそれがあります。まあこれが課長が岡田准一くんだったら、「頭を撫でられるのと肩を揉まれるのだったらどっちがいい？」「はにゃ〜〜ん。**もうどこでも触って！　もうどうにでもしてよ！　だって私はもうあなたのものだから。**すりすり……」と部下の女性もネコになって擦り寄っていくことと思いますが。

結局、この法則も「イケメンに限る」という言葉が頭をよぎるものではありますが、まあ諦めずになんとか実用的な作戦を考えてみますと、ひとつには「握手作戦」というのを思いつきました。

握手というのは代表的なタッチング行為であり、AKBグループなんかがCDに握手券をつけて握手会を開催するのは、ファンに「アイドルに触れる」という喜びを与えるのと同時に、そのアイドルと握手という形でタッチングさせることによってますますそのアイドルを好きにさせ、将来の商売へつなげるという狙いもあります。

ということで、我々も同じ作戦を使えばいいのです。

まずは「このあいだ山梨に行って信玄餅買ってきたんだけど、よかったら食べてよ！」とカナちゃんにお土産を渡します。お土産を受け取るくらいであれば彼女も断らないでしょうから、うまく信玄餅をカナちゃんに渡したところで「そうそう！　今その信玄餅には、**俺との握手券がついてるんだ！　1個につき1回握手できるからね！**」と言って、あくまで「握手会」というていで強引にカナちゃんの手を握りしめればよいのです。そうすれば、こちらの手のぬくもりと湿り気を心地よく感じたカナちゃんは、きっとこちらに好意を持ってくれるに違いありません。

ただ、最悪の場合は、その握手会のていでの握手すら拒まれることもあるかもしれません。そもそもおまえの手を触ることすらイヤだと。特に私は、現実に数年前にサイン会・握手会を開催したのですが**30分間で2人しか来なかった**という史上最泣《しじょうさいきゅう》の経験がありますので、仮に私が握手券作戦を使っても成功する可能性は低いと思われます。

であれば、二の矢の作戦として**「拡張自我」**という手段を使います。

人は自分の身体だけでなく、**自分が身につけているものや所有しているものを自分自身の延長であると認識する**傾向があります。それは他人のことを判断する時も同じであり、他人の時計やバッグなどの所持品を我々はその人物の拡張自我、つまりその人物の分身のような存在だと感じるのです。

私はジャンルを問わずよくＤＶＤをレンタルして観るのですが、その借りたディスクを触る時に、ディズニーアニメなどのほのぼのした映画のディスクはほのぼのとした気分で触れるのですが、一方でエッチなＤＶＤのディスクを扱う時には、どうしてもそのディスクからは**たくましい男たちのドロドロとした情念**みたいなものが溢れ出るのを感じてしまって、なるべく自分の体との接触面積が少ないように、親指と人差し指の先でつまむような潔癖な持ち方をしてしまいます。これは、私がＤＶＤからそのディスクを過去代々借りてきた人たちの拡張自我を感じているが故の行動と言えるでしょう。

そこで、ひきこもりから脱却し充実人生を目指す私が行うべきことは、この二の矢の作戦、異性に自分自身を触ってもらうことが無理なのであれば、代わりに**拡張自我である所有物を触ってもらい、タッチングの効果を発揮する**ということでしょう。

たとえば相手の気を引くような奇抜なデザインの時計をつけたり帽子を被ったり最新のスマホを持ったりして、「なにそれ!? 珍しいねえ」と相手の興味を引き出したところで「見てみなよ！」と差し出し、それを触ってもらうのです。直接身につけているものでなくても、持っている本やマンガやＤＶＤなどを貸し借りするのも間接的なタッチング効果を発揮し、相手の好意を引き出すための良い方法だと思います。

直接体と体で接触することが難しい場合は、このように拡張自我をうまく接触させることにより、相手の好意を引き出すのです。

ちなみにこの拡張自我を使った三の矢の作戦として、ある日突然**腹話術の人形**を持って登場し、「(かん高い声で)こんにちはカナちゃん！　ぼく、ケンちゃんだよ！　ぼくカナちゃんのことがだ〜い好きなんだ！　ねえねえカナちゃん、ぼくと握手しようよ！」と**腹話術を行いながら人形の手を差し出す**という方法も考えましたが、さすがにそこまでやると私のようなキモオタはもちろん、**イケメンですら引かれる**んじゃないかと思うので、どうやらこの作戦はやめておいた方が良さそうですね(涙)。

カラダを触れられると、ココロは気を許しやすい。

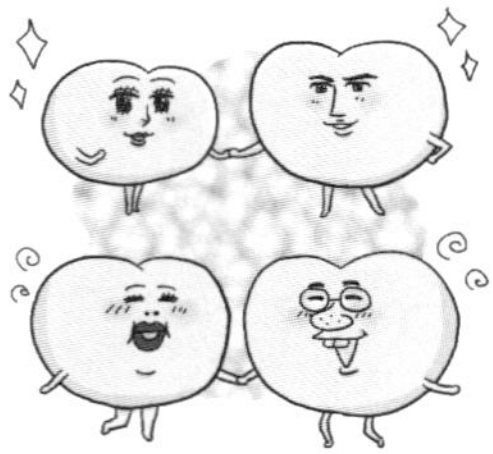

42 マッチング仮説

私をはじめとした容姿に自信の無い人々にとって、非常に残念なお知らせがあります。

こんな実験が行われました。

ある心理学者がおよそ100組のカップルの写真を用意して、その全員の容姿を、8人の被験者に5点満点で評価させました。要するにカップルの男と女それぞれの見た目に点数をつけたということなのですが、その結果は、60%のカップルが男性の点数と女性の点数の差が0・5点以下だったのです。

つまり、確率的には6割ものカップルが、美男子は美女と付き合い、ブ男は(中略)という、外見的に釣り合いの取れた組み合わせになっていたのです。

ということは、結局世の中の多くの人は**容姿のレベルが自分と同じくらいの異性としかつきあえない**ということになります。なんという夢も希望も無い話でしょうか。ちょっと台所に行って皿を割ってきてもいいでしょうか？　イライラするんですよまったく!!

　でもたしかに世の中のカップルを見ていると、うすうすそんな気はしてきます。だいたいみんな点数が同じくらい、いわゆる似たもの同士がくっついていますもんね。

　たとえばサザエさんとマスオさんの夫婦は2人ともほぼ4頭身、目鼻立ちもシンプルでつるんとしていておおむね似たような外見です。点数にすると2人とも3点くらいでしょうか。一方で『北斗の拳』に登場するケンシロウとユリアのカップルは、両方とも8頭身のモデル体型、服や肌の陰影もしっかり描かれており劇画調のリアルな顔立ちの美男美女、文句なしの5点満点の組み合わせです。これが**ケンシロウとサザエさんが結婚したり、マスオさんとユリアが結ばれる**ことは容姿のかけ離れ具合から考えてまずあり得ないでしょう。同居する波平とフネに気を使いながらお人好しな婿として生きていき、会社の後には**穴子さんと一杯やって帰ってくるケンシロウ、**そんなケンシロウの姿はこっちも見たくありません。**人を殺さないケンシロウなんて、ケンシロウじゃないですから。**といっても『サザエさん』の世界で秘伝の拳法を使って近所の人を撲殺したり爆破してしまったら大変なことで、すぐに放送が打ち切りになってしまうとは思いますが。

　他にも『タッチ』での上杉達也と浅倉南のカップルや、のび太くんとしずかちゃんなど、有名なカップルはだいたい容姿が似通っているものです。

　まあ、単にそれは**画風の問題だ**という説もありますが、マンガはさておいて現実的なカップルを見ても、山口百恵さんのところや松嶋菜々子さんのところなど、美男と美女がくっつくケースはとても多いですね。

そう考えると結局この世はイケメンと美人のために存在する世界なのかよ！　と悲しくなってきますが、しかしまだ絶望するのはちょっと早いですよ。実はこの話には、続きがあるのです。

冒頭の実験で、6割のカップルが容姿の釣り合いが取れていると述べましたが、逆に言えば、**残りの4割は釣り合いが取れていないカップル**だということになります。

たしかにそうですね。よく考えてみると、ディズニーアニメのタイトルでもある「美女と野獣」的なカップル、なんでこんな獣みたいな男があんな美人と!?　その逆のパターンもありますが、男女間の容姿の点数を比べたら3点、4点と差がつきそうな組み合わせのカップルも、私たちの周りにはたしかに存在します。

ではいったいどういう場合に容姿のバランスが取れないカップルが生まれるかということですが、そこで登場するのが**「マッチング仮説」**です。

マッチング仮説、または公平理論とも呼びますが、これは世の男女は容姿の点数だけでなく、性格や経済力や社会的地位など**人として総合的な点数が釣り合う場合にカップルになる**という理論です。

そうです。取り立ててイケメンでもないおじさんがなぜか20歳も年下のかわいい奥さんをもらったりすることができるのは、このマッチング仮説が働いているためです。仮に男の方が容姿が悪くても、**金さえ持っていれば美女と結ばれることができるのです。**

……いや、別にお金だけの問題じゃないですけどね。経済力も含めて、その人物の**人としての総合得点**が容姿の低さを補って余りあるくらいに高い場合には、外見的には不釣り合いな相手とカップルになることもできるのです。

ただし、容姿のマイナスを他の項目でカバーするのは結構大変なことです。私の場合は**変態度はほとんどの人に負けないくらい高い**と自負していますが、どれだけ変態点数で高得点を取っても、それで容姿の低得点がカバーされることはありません。同じように、どれだけ腹話術を練習して**腹話術点数**が高くなっても、やはりそれはその人の総合得点にはあまり影響が無いと思われます。

一般的に、男性は経済力と社会的地位が、女性は年齢（若さ）と容姿の項目の配点が特に重要視される傾向があるようです。

このマッチング仮説は外見で悩んでいる世の野獣男たちに希望を与える理論ではあると思いますが、「人間、顔だけじゃない」ということがわかったとはいえ、あくまで他の部分の魅力を高めることには注力しなければいけません。「野獣でも運が良ければ美女とつき合える」というわけではなく、「野獣でも総合得点が高ければ美女とつき合える」ということですから。

ちなみにディズニーアニメの『美女と野獣』でも、美女が野獣と結ばれたのはほぼ間違いなく**野獣が金持ってたからですからね。**あの野獣は一国の王子様で、なんといっても**お城をまるごとひとつ持っている**んですから。なおかつ城に入れば豪華なドレスもそろっていますし、魔法にかかった調理器具たちが勝手に豪勢な料理を作りますし、魔法にかかったモップやバケツが勝手に掃除もしますから、家事も一切やる必要がありません。ですから、アニメでの美女と野獣は総合得点でちゃんと釣り合っているのです。もしあの野獣が**「お城とか特に持っていない、森の巣穴に住む普通の野獣」**だったら、絶対に美女も恋に落ちることは無かったはずです。「美女と野獣」という言葉には、「美女と(金持ちな)野獣」というカッコ書きが必要で、**決して「美女と(金持ってない)野獣」とはならない**というところを我々男子はよく理解しなければなりません。

ということで、ひきこもりから脱却し充実人生を目指す私が考えるべきことは、自分の欠点やコンプレックスをカバーするために、いかに他の部分の点数を上げて人としての総合力を高めるかということですね。

イケメンでなくても、美女でなくても、まあ女性の場合は容姿の配点が高いですがそれは配点が高いというだけで、他にも点数を稼げる項目はいくらでもあります。男性だって、貧乏だったらそれでおしまいということではありません。

人間の魅力は、あくまで総合力で決まるのです。

私も一度自分のパラメータ表を作って、どの項目の点数が低く、どの項目の点数が高いかを考えてみたいと思います。そして、どこの項目の点数なら上げられそうかを分析し、そこに力を注いで得点を重ねていけば、きっと私の総合力ひいては私と釣り合いの取れる異性のレベルも上がっていくのではないでしょうか。……きっとそうだと信じています。

カップルのココロは、総合力で釣り合っている。

43 恋愛とウソ

人のしぐさや表情や声のトーンなど、「話の内容」以外でのコミュニケーションのことを「非言語コミュニケーション」と呼びますが、相手の非言語コミュニケーションを読み取る能力は、男性よりも女性の方がずっと高いと言われています。

ほとんどの女性は、男性の態度や声調などから相手の気持ちを予測したり、**ウソや隠し事を見破ることが大得意**なのです。男子の秘め事であるアレやコレが、どんなにこちらが証拠を隠したつもりでも、ほんのわずかな糸口から奥さんや彼女によって暴かれてしまうケースが多いのはそのためです。

なお、ある調査では、一般的に1日のうちに**男性は女性の2倍の回数ウソをつく**ということがわかったそうです。

……………。

ちょちょっと、な、なにを言ってるんですかっ!!　いいがかりはよしてくださいよっ！

そんなそんな、そんなのなにかの間違いです!!　**お、男がウ、ウソなんてつつつつくわけなないじゃないですかっっ!!!**

そ、そうですよ、私を始めとして大概の男はウソなんて全然つきません。むしろほぼすべての男性は生まれてから一度もウソなんてついたことは無いと言い切れる可能性がある気がしてくる小春日和の今日このごろですけれど、まあこの際それは置いといていったいなぜ女性が相手の非言語コミュニケーションを読み取るのが得意なのかというと、それは女性は男性と比べて、歴史的に子育てを担う時間が多かったからだそうです。

赤ちゃんはしゃべれませんから、そんな赤ちゃんのしぐさや表情から気持ちを推測するという行為を繰り返しているうちに、もう今ではまだ子供を産んでいなくても、女性はみな他人の心を推測することが得意であるように生物として進化してしまったそうなのです。

……………。いやーー、**困りますねえ。**その進化、**やめてもらえませんかねえ。**

そりゃあ母親として、赤ちゃんの気持ちを察することは重要でしょう。大事な赤ちゃんですからね。でもそれは赤ちゃんだけであって、別に大人の男の隠し事まで察する必要は無いでしょうよ。

じゃあなんですか？　我々成人男子も、中身のレベルは赤ん坊とたいして変わらないとでも言うんですか女性のみなさんは？　……待ってくださいよ。たしかに私をはじめとして成人男子は誰もが「バブバブー。ねえねえ、くちゅちたはかちぇてよー(靴下履かせてよー)」と彼女に頼んだりすることはありますが、それは甘えたい一心でわざと赤ちゃん言葉を使っているだけで、別に精神が赤ん坊レベルだというわけではありません。我々だって、言おうと思えばちゃんと「恐れ入りますが、靴下を履かせていただけますでしょうか?」と大人の言葉遣いで言うことはできるんです。大人ですからね僕たちは。

言っておきますけど、赤ちゃん言葉しか使えない赤ちゃんが赤ちゃん言葉をしゃべるのと、普通に言葉をしゃべれる大人がわざと赤ちゃん言葉を使うのでは、全然意味合いが違いますからね。**後者の方がずっと変態ですから。**

ともかく、大人の男はしゃべろうと思ったら普通にしゃべれるのですから、別にしぐさや声のトーンから気持ちを察してもらう必要は無いんです。だから、「赤ちゃんの気持ちはわかるけど大人の男の気持ちはわからない」というふうに、もうちょっと都合よく進化してくれませんかね女性のみなさん? だって、彼氏とか旦那さんの隠し事がすぐわかってしまったら、余計な争いごとが増えるだけでしょう? そういう、余計なトラブルを増やすような進化の仕方をしてきたっていうんですかあなたたち女性は? ええ? **まだまだですねえそんなんじゃっ!!**

……………。えーさて、それでは我々男子は、いや、男女限らずですが、ウソをついたり隠し事をしている人間はどうしてそれがバレてしまうのか、ウソをついている人間はどのような非言語コミュニケーションを発信してしまうのかということについて少し説明をしたいと思います。

人は、ウソをついている時には1．早口になり、しかも必要の無いことまでよくしゃべるようになる　2．動作に落ち着きがなくなり、額や髪の毛を頻繁に触る　3．まばたきの回数が増える　というような特徴が現れます。

これらの動作はウソをついている時だけでなく、動揺していたり緊張していたりする時にそれを鎮めるために出る動作ですが、人はウソを隠そうとする時に動揺したり緊張したりするものなので、他に緊張の要素が無い時にこれらの動作が出たらかなりの確率で相手にはウソや隠し事があると思って良いでしょう。

世の女性たちはこのような非言語コミュニケーションの現れ方を本能的に知っており、そのために男のウソを見破ることができるのだと思われます。

しかし、ここまでわかっているのであれば、逆に**ウソを見破られたくない場合**にどうすれば良いかということも見えてきますね。

そうです。ウソを看破されたくなければ、

1．なにもしゃべらないことです。

2．手や体を動かさないことです。

3．まばたきをしないことです。

そう、男性のみなさんがなにか彼女や奥さんに対して隠し事があったら、その時には**まばたきもせずに「気をつけ」の姿勢でなにもしゃべらずマネキンのようにじっとしていましょう。**その体勢ならば、決してウソを見破られることはありません。

ただし注意点としては、もし彼女や奥さんも同じくこの本を読んでいたら、**まばたきもせずに「気をつけ」の姿勢でなにもしゃべらずじっとしていることこそがウソや隠し事の証**であるとわかってしまいますので、男性のみなさんはこの本を彼女や奥さんに決して見せないように気をつけてください。

ちなみにもうひとつの方法としては、**日頃から常時まばたきをしまくって額と髪の毛を触りながら早口でしゃべり続けるという癖**をつけておけば、いざウソをつく時にも普段と変わらないしぐさということになりますので、これもウソを見破られないためには有効な方法だと思います。ただ、**かなり不気味な人ですけどねそれ。**

ということで、以上を踏まえてひきこもりから脱却し充実人生を目指す私が行うべきことは…………、いったいなんでしょう。

ここでひとつ、興味深い調査結果をご紹介したいと思います。

アメリカで、ある心理学者がカップルを集めて調査を行ったところ、**男女ともに相手のウソを見抜く能力の低いカップルの方が、関係が長続きしている**ということがわかったのです。

要するに、恋愛においては、相手のウソを見破る能力なんて**邪魔**なんです。そりゃそうですよね。相手の隠し事を暴いたところで、なにも良いことなんて無いんですから。だって、相手は暴かれたら悪いことが起きるとわかっているからこそ、そのことを隠しているんです。それなら、彼氏や彼女の隠し事を暴くことに意味なんて無いと思いませんか？

本当にパートナーを愛していて恋愛関係を長く続けたいのであれば、時にはお互い見ざる言わざる聞かざるで、**あえてバカップルになりきって**つきあっていくのも良いのかもしれませんね。

男性のココロは、女性に見抜かれやすい。

44 昇華

恋愛について語る時に、避けて通れないのが失恋の話です。

およそこの世に生きる人の中で、失恋の経験が一度も無いという人はまずいないのではないでしょうか。

過去だけでなく、未婚の人や若い人であれば今後の人生においても2度や3度、ひょっとしたら10度や20度は失恋経験を繰り返すことになるかもしれません。

そんな時に、うまく使えば傷心をぶっ飛ばす力を与えてくれるのが**「昇華」**です。

人の心は、なんらかのダメージを受けた時にそれを和らげたり回避したりする「防衛機制」という働きをするのですが、昇華はその防衛機制の中のひとつであり、**失恋や大きな失敗、コンプレックスなどの負の感情を、勉強やスポーツ、仕事など他の目的に向けて解消しようとする行為**です。

ひとつ重要なことは、勉強にしろスポーツにしろ仕事にしろ、ごく普通にそれを行うよりも、時として激しい苦しみの上に昇華としてそれを行った方が、大きな成果を得られることがあるということです。つまり、苦しみや負の感情が大きいほど、それを他の代償行動に転換した時に発揮できる力も大きくなるのです。

失敗や挫折というのは生きていれば誰しも経験するものですが、その中でも失恋というのはもっとも大きな苦しみのひとつです。

それは、ある意味で失恋のマイナスの代償行動とも言える「ストーカー行為」について考えてみるとよくわかると思います。

ストーカーは、約束もせずに平気で相手の家に押しかけます。相手が留守であれば、何時間でも待ち伏せます。電話もかけます。メールもします。尾行もします。嫌がられても、拒絶されてもめげません。何カ月も、下手をしたら何年もそれを続けることができます。

人間誰しも、そこまでの行為を行うには尋常ならざる精神力を必要とするはずです。仮にこれをサラリーマンの営業活動だと考えても、アポなしで何度も飛び込み営業を行ったり、いきなり売り込みの電話をかけたり、いつ帰るかもわからぬ、しかも確実に嫌がられている交渉先の人間の帰りを待ち続けて営業をかけたり、さらにそれを何カ月も続けるような活動は並大抵の胆力ではできないでしょう。そんな仕事をやらされたらおおかたの社員は1カ月も持たずに、下手をしたら数日で辞めてしまうのではないでしょうか。

ストーカーだって、その人がストーカーになる前、失恋や適わぬ恋に落ちる前の正常な状態であれば、そこまでする行動力、精神力は決して無かったはずなのです。

それが、失恋という巨大な負の感情を抱え、それを「ストーキング」という行為に転化させることによって、彼もしくは彼女は今までに無かったとてつもないパワーを獲得し、驚異的なしつこさで相手につきまとうことができるようになったのです。

しかし考えてみてください。失恋が人にそこまでのとてつもない力を与えるのであれば、それをストーキングではなくプラスの方向の活動、勉強やスポーツや仕事に昇華させてやれば、そちらの分野でとてつもない成果を上げられる可能性だってあるのではないでしょうか？

ある意味、失恋というのは人生の方向転換を計るチャンスでもあります。なにしろ自分の正常な状態では引き出せない、大きなパワーを作り出すことができるのですから。

失恋のパワーというのは、1人のニートに「南アフリカ共和国から中国まで陸路で旅をする」という決意をさせ、さらにそれを実行させてしまうほどの威力があるものです。

私というひきこもりがアフリカ大陸を縦断しアジア大陸を横断する旅ができたのも、この失恋からの防衛機制、昇華によるものでした。自分をふって中国に留学に行ってしまった彼女を、半ばヤケになり、半ば自分を鍛えながら追いかけるために私はアフリカから中国への旅を決行したのです。

確実に言えることは、それはまさに失恋のパワーがあったからこそできた行為だということです。なにしろ正常な状態の自分は、韓国旅行やハワイ旅行ですら恐さと面倒くささから行くことを拒むような人間なのですから。

私はたまたま失恋パワーを旅に転化できたおかげで、旅行記をはじめとした本を書いてこうして作家になることもできましたが、**もしあのパワーをストーキングに向けていたらどうなっていただろう**と考えると今でも恐ろしくてたまりません。

なにしろ、アフリカに行くより、彼女の家に行く方がずっと簡単です。アフリカの治安最悪なバスターミナルでいつ来るかわからないバスを恐怖におびえながら待つより、平和な日本で彼女の帰宅を待つ方がずっと簡単です。言葉も通じない、殺人事件が日常茶飯事である地球の僻地《へきち》の国を重いバックパックを背負って歩き続けるよりも、毎日彼女の後を尾行し続ける方がどれだけ楽なことか。

仮に私があの失恋パワーを旅に使わずにストーカー行為に使っていたら、どんなに犯罪的なことを彼女にしてしまったでしょうか。想像するのも恐ろしい話です。

もしまた将来私が恋に破れて人生に絶望したり、ストーカー行為に走りそうになったら、その苦しみやストーキングのエネルギーをぐいっと方向を曲げ、勉強や仕事に向けてみることを考えたいと思います。失恋だけでなく、さまざまな苦しみや悲しみをバネにして正の方向に向かわせる、昇華という戦略をせっかく私たち人間は持っているのですから。

高く跳ぶためには、一度深く屈まなければいけません。幸せを知るためには、不幸を知らなければいけません。

これから私がまた壁にぶつかり傷ついた時には、ぜひこの昇華のことを思い出し、その傷を糧にして前へ進んでいきたいです。

深く屈んでみれば、ココロはきっと高く跳べるはず。

おわりに

以上をもちましてこの本は終わりとなりますが、いかがでしょう。なにか参考になる項目はありましたでしょうか？

この本を読んでいる方の中には、すでに毎日を不自由なくエンジョイし、頼れる友人たちや自慢の彼女や家族に囲まれて充実ライフを送っている方もいるでしょう。そういった方は、これらの心理学の法則をスプーン1杯のうま味調味料として、充実ライフをさらにひと味加えた満足ライフにしていただければと思います。

一方、私のように友人にも彼女にも囲まれずにしかし「俺はやればできる子だぜ。いつかなにかをやってやるぜ」と常に思いながらなにもやらずに何十年も過ごしてきた非充実人生を送るひきこもり、もしくはひきこもり気味の方には、この本がその現状からわずかでも抜け出すためのきっかけになってくれたらうれしいです。

心理学というのは他の学問と同じく非常に奥深いものであり、人の心の動きを1冊の本で書ききることは到底不可能ですが、私たちが身近に感じられる、実生活に適用できそうな法則に関してはかなりの数をこの本ではご紹介できたと思っています。

それでは最後に、自分自身のためにここでおさらいをしてみたいと思います。

ここまでに学んだ心理学の法則を踏まえて、ひきこもりから脱却し充実人生を目指す私が行うべきことは、まずは小さくても構わないから、手が届きそうで届かなそうで届きそうなギリギリの目標を立てて、それに向かって進んでいくことです。

そしてひとつの目標を達成することができたなら、もう少しだけ先に、新しい目標を設定します。

そのように段階的目標設定を繰り返し、たとえ時間がかかろうともひとつひとつ目標をクリアしていった暁には、「ワオ！　自分にはこんなことを達成できる力があったんだ！」という自信、自己効力感が身につくはずなのです。

そうして自己効力感を高め自分に自信を持つことができたなら、きっと今まで踏み込むことを恐れていた新しい環境にも、思い切って飛び込むことができるようになると思います。そして新しい環境の中でもがきながらも一瞬一瞬を乗り越えていけば、いつしか私は環境に適応し、その場にふさわしい技術や能力やメンタルを身につけた人間になることができると思うのです。

たとえ失敗や挫折が立ちはだかっても、その苦しみを昇華させて正のパワーに変え、壁をぶち破ってやりたいです。また、周りの人々と接する時には決して気取ったり格好つけることなく、マヌケな話も堂々と、笑顔で自己開示をしていきたいです。

そのようにして少しずつ着実に日々を歩んでいけば、やがて私という存在には希少価値が付加され、私だって周囲から必要とされる人間になれるはずなのです。そして私自身が価値のある人間になったなら、きっと私の周りにも、人間的魅力の高い方たちが集まってくれることでしょう。

もしそこまでのことが実現可能だとしたら、おそらくその時に私が立っている場所こそが、私が目指し憧れていたゴール、充実人生なのだと思います。

まあしかし、こうしておさらいをしてみたものの、言うは易し行うは難し、以上のことをすべて実行するのは簡単ではないでしょう。

であれば、さらに以上の内容を踏まえて、ひきこもりから脱却し充実人生を目指す私が行うべきことを、一文に集約したいと思います。

それは…………、ひきこもりから脱却し充実人生を目指す私が行うべき最も重要なことは、「まずは一歩踏み出す勇気を持つこと」だと思います。

段階的目標設定も、場の理論も好意の返報性も単純接触効果もつり橋効果も、「一歩踏み出す勇気」が無ければその法則を活用することはできません。

まだまだ私にとっては、充実人生なんていうものははるか遠いところで霞がかかっている存在です。

しかし、たとえ霞がかかっていようとも、それが見えていないわけではないのです。

自分が立ち止まっている限りは永遠にその霞が晴れることはありませんが、私だって、勇気を出して一歩ずつ、半歩ずつ、4分の1歩ずつでも前に進んでいけば、やがて霞は消え、充実人生という世界に足を踏み入れることができるはずなのです。もちろん、私だけでなく誰もがその可能性を持っているのです。

おわりに

ともかくどんな形であれ、目標を定めたならば最初の一歩、半歩、4分の1歩、それを踏み出すことがひきこもりから脱却し充実人生を目指す私、もしくは私と同じような境遇にいる人々が行うべき第一の行動ではないかと思います。

さて、繰り返しになりますが心理学というのはそれはそれは奥の深い学問であり、1冊の本だけで説明できることには限りがあります。

よってもしこの本で心理学についていくらかの興味を持っていただけたなら、そんな方には今度は大学の先生など専門家の方々が書かれている本格的な書籍を読まれてみることをお薦めします。

また、人の心というのはまるで宇宙のように謎が多く計り知れないものですが、それならば、まるで人の心のように謎が多く計り知れない宇宙というものについても、いろいろな疑問が生まれてくるのではないかと思います。

もし人の心と同様に宇宙についてももっと知ってみたいと思う方がいらっしゃいましたら、宇宙の仕組みについて、または宇宙に存在する数々の不可思議な法則について毎度バカバカしい例え話を用いて解説した、さくら剛著『感じる科学』も一読くだされば幸いです。

とにもかくにも、ここまでこの本を読んでいただいたみなさまに心より感謝いたします。

ありがとうございました。

小さな目標でいいから、
「自分で設定した目標」を一つひとつクリアしていこう。

少し自信がついたら、
今まで恐れていたような新しい環境にも飛び込んでみよう。

失敗が立ちはだかっても、
その苦しみを昇華させて、壁をぶち破ってやろう。

マヌケな話も堂々と、笑顔で自己開示をしていこう。

そうすればやがて私という存在にも、
希少価値が付加されるはず。

きっと私の周りにも、
人間的魅力の高い方たちが集まってくれるはず。

もしもそこまで実現したら…

さあ、
充実人生へ！

【参考書籍】

『植木理恵のすぐに使える行動心理学』植木理恵：監修（宝島社）
『フシギなくらい見えてくる！本当にわかる心理学』植木理恵：著（日本実業出版社）
『シロクマのことだけは考えるな！――人生が急にオモシロくなる心理術』植木理恵：著（新潮文庫）
『人は99％「心理トリック」で動かせる！』樺旦純：著（王様文庫）
『史上最強図解よくわかる社会心理学』小口孝司：監修（ナツメ社）
『ビジネスでいちばん大事な「心理学の教養」脱「サラリーマン的思考」のキーワード』酒井穣：著（中央公論新社）
『人の心を操る技術―マインドリーディングと話し方で交渉もコミュニケーションも上手くいく』桜井直也：著（彩図社）
『恋愛心理学（図解雑学）』斉藤勇：著（ナツメ社）
『社会心理学（図解雑学）』井上隆二・山下富美代：著（ナツメ社）
『心理学入門（図解雑学）』久能徹・松本桂樹：監修（ナツメ社）
『フロイトの精神分析（図解雑学―絵と文章でわかりやすい！――）』鈴木晶：著（ナツメ社）
『犯罪心理学（図解雑学―絵と文章でわかりやすい！――）』細江達郎：著（ナツメ社）
『面白いほどよくわかる！心理学の本』渋谷昌三：著（西東社）
『思いのままに人をあやつる心理学大全』齋藤勇：監修（宝島社）
『社会心理学がとってもよくわかる本（イラストで見る！やさしい心理学入門）』榊博文：著（東京書店）
『相手を自在に操る ブラック心理術』神岡真司：著（日本文芸社）
『「人たらし」のブラック心理術―初対面で１００％好感を持たせる方法』内藤誼人：著（大和書房）
『９割の相手を思いのままにする心理術：「悪魔の耳打ち」か「天使のささやき」か…この“ひと言”で人は動く！』清田予紀：著（三笠書房）
『価格の心理学 なぜ、カフェのコーヒーは「高い」と思わないのか？』リー・コールドウェル：著／武田玲子：翻訳（日本実業出版社）

【著者】

さくら剛

Sakura Tsuyoshi

1976年静岡県生まれの作家。中京大学中退。お笑い芸人をめざして上京したもののすぐに挫折。しばらく引きこもり生活を送っていたが、女性にふられたことをきっかけに、ほとんどヤケクソの状態で海外へ飛び出した。帰国後、ブログにアフリカやインドなどの旅行記をつづると、たちまちネット上で人気爆発。処女作の『インドなんて二度と行くか！ボケ!! …でもまた行きたいかも』（アルファポリス）もベストセラーになった。

作家になった後には、『三国志男』『感じる科学』（サンクチュアリ出版）『アフリカなんて二度と行くか！ボケ!!……でも、愛してる（涙）。』（幻冬舎）『俺は絶対探偵に向いてない』（ワニブックス）など多数の著作を世に送り出しているが、人とコミュニケーションを取る能力は身につかず、相変わらず引きこもり生活を続けている。
＊ネットラジオ「さくら通信」配信中
【さくら通信】http://sakuratsushin.com/

【監修者】

田中陽子

Tanaka Yoko

筑波大学大学院修士課程修了（教育学修士）。九州保健福祉大学・社会福祉学部臨床福祉学科・准教授。臨床心理士。

日本カウンセリング学会・日本心理臨床学会・日本教育心理学会などに所属。教育の分野で、子ども、保護者、学校と一緒に日々奮闘中。

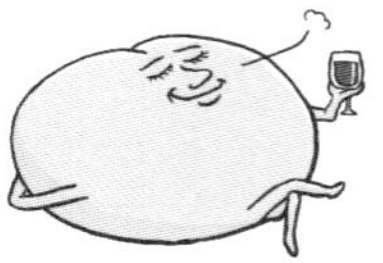

困ったココロ

2014年3月1日初版発行

著者　さくら剛

監修　田中陽子（九州保健福祉大学・社会福祉学部臨床福祉学科・准教授／臨床心理士）
イラスト　入江久絵
デザイン　井上新八

印刷・製本　中央精版印刷株式会社
発行者　鶴巻謙介
発行所　サンクチュアリ出版

〒151-0051　東京都 渋谷区 千駄ヶ谷 2-38-1
TEL03-5775-5192　FAX03-5775-5193
http://www.sanctuarybooks.jp
info@sanctuarybooks.jp

ISBN978-4-8014-0001-6

PRINTED IN JAPAN
落丁本・乱丁本は送料小社負担にてお取り替えいたします。